Travaillez moins, réussissez mieux avec l'IA

Le guide des secrets d'une productivité augmentée
Guide N°4

COLLECTION

L'IA pour tous : s'adapter ou disparaitre ?

La collection de guides de référence
pour comprendre et utiliser l'IA

E. RIVIER & M. MUNDEL

Mentions Légales

Titre du livre : Travaillez moins, réussissez mieux avec l'IA
Auteur : Emmanuel RIVIER
Autrice : Michèle MUNDEL

Code ISBN : 9798315346470
Marque éditoriale : Independant published

Chère lectrice, cher lecteur,

Bienvenue dans cette collection de guides sur l'IA :

"L'IA pour tous : s'adapter ou disparaître ?
La collection de guides de référence pour comprendre et utiliser l'IA".

Cette série de guides est conçue pour vous accompagner pas à pas dans la découverte et l'adoption de l'intelligence artificielle (IA) dans divers aspects de votre vie quotidienne et professionnelle.

L'IA est devenue une composante incontournable de notre société, transformant nos modes de vie, de travail et d'apprentissage. Ce qui relevait hier de la science-fiction est aujourd'hui une réalité quotidienne. Par exemple, les véhicules autonomes, autrefois imaginés dans des œuvres de fiction, circulent désormais sur les routes de certains pays, comme en Chine ou aux États-Unis.

Cependant, face à cette révolution technologique rapide, il est naturel de se sentir dépassé ou hésitant. C'est pourquoi nous avons élaboré ces guides pratiques, clairs et accessibles, afin de démystifier l'IA et de vous fournir les clés pour comprendre et intégrer ces technologies dans votre quotidien. Conscients de la rapidité des évolutions dans ce domaine, cette collection sera régulièrement mise à jour afin d'intégrer les dernières nouveautés et découvertes.

Cette collection comprend les guides suivants :

DÉJÀ PARU SUR AMAZON

Découvrir et maîtriser l'IA (l'intelligence artificielle)
Guide des outils IA pour débutants Guide N°1

L'IA dans les entreprises
Le guide des solutions concrètes et abordables pour les PME
Guide N°2

Réinventez votre carrière avec l'IA
Le guide des nouvelles opportunités professionnelles
Guide N°3

Travaillez moins, réussissez mieux avec l'IA
Le guide des secrets d'une productivité augmentée

BIENTÔT DISPONIBLES SUR AMAZON

Libérez votre créativité avec l'IA
Le guide essentiel des nouveaux outils créatifs

Réinventez l'apprentissage avec l'IA
Le guide pratique pour parents et enseignants

Boostez vos ventes avec l'IA
Le guide des nouvelles stratégies marketing qui cartonnent

Prenez soin de vous avec l'IA
Le guide de votre coach santé personnel
Protégez-vous à l'ère numérique de l'IA
Le guide essentiel de cybersécurité pour tous

L'IA responsable
Le guide pour une utilisation éthique et durable

Voyagez intelligemment avec l'IA
Le guide pour optimiser vos trajets quotidiens grâce aux technologies intelligentes

L'IA dans la finance

Le guide pour optimiser vos finances personnelles avec des outils intelligents

Chaque guide aborde un thème spécifique, avec des explications simples, des exemples concrets et des conseils pratiques. Notre objectif est de rendre l'IA compréhensible et utile pour tous, indépendamment de votre niveau de connaissance technique.

En parcourant cette collection, vous découvrirez comment l'IA peut simplifier votre vie, booster votre carrière, protéger vos données ou encore enrichir votre créativité. Nous espérons que ces guides vous inspireront et vous aideront à naviguer sereinement dans cette nouvelle ère numérique.

Alors, l'intelligence artificielle va-t-elle modifier votre vie quotidienne ?

TABLE DES MATIERES

Chère lectrice, cher lecteur, 3

Introduction 9

Définitions de base : Qu'est-ce que l'IA et comment fonctionne-t-elle ? 13

Avantages de l'IA pour la productivité : Automatisation, analyse de données, personnalisation 16

Exemples d'applications : Chatbots, assistants virtuels, outils de gestion de projet 20

Chapitre 2 : Outils d'IA pour la productivité 27

Présentation des outils populaires 27

Fonctionnalités et avantages 32

Exemples d'utilisation 36

Conclusion du Chapitre 2 41

Chapitre 3 : Automatiser les tâches répétitives avec l'IA 45

Identification des tâches à automatiser : Comment repérer les processus chronophages 46

Méthodes d'automatisation 49

Exemples de tâches automatisées: Entretiens avec des professionnels 53

Conclusion du Chapitre 59

Chapitre 4 : Analyse de données et prise de décision avec l'IA 61

Principes de l'analyse de données : Comment l'IA peut traiter rapidement de grandes quantités de données 62

Outils d'analyse : Tableau, Power BI, ClickUp Brain et Mistral AI 69

Cas d'utilisation 74

Conclusion de ce chapitre 80

Chapitre 5 : Personnalisation et optimisation des processus avec l'IA 83

Personnalisation des conditions de travail 84

Optimisation des processus métiers 89

Stratégies pour une mise en œuvre efficace 95

Conclusion de ce chapitre 100

Chapitre 6 : Intégrer l'IA dans votre quotidien 103

Mise en place d'une stratégie d'intégration 104

Mise en place d'une stratégie d'intégration 109

Stratégies pour expérimenter rapidement avec les nouveaux modèles d'IA 114

Conclusion de ce chapitre 119

Conclusion Générale 121

Introduction

Dans le monde professionnel actuel, la productivité est devenue un enjeu majeur. Les entreprises et les individus cherchent constamment à optimiser leur temps et leurs ressources pour rester compétitifs et atteindre leurs objectifs. C'est dans ce contexte que **l'intelligence artificielle (IA) est devenue un outil incontournable pour améliorer la productivité.** L'IA n'est plus simplement une technologie émergente, mais une réalité qui transforme déjà profondément notre façon de travailler.

L'importance de la productivité

La productivité est souvent définie comme la capacité à produire des résultats efficaces avec un minimum de ressources. **Dans un marché du travail de plus en plus compétitif, être productif signifie non seulement accomplir plus en moins de temps, mais aussi apporter de la valeur ajoutée à son travail.** Les entreprises qui réussissent à optimiser leur productivité sont mieux à même de réagir aux changements du marché, d'innover et de maintenir leur avance concurrentielle.

Cependant, **de nombreuses personnes se retrouvent débordées par des tâches répétitives, chronophages et peu valorisantes.** Ces tâches, bien que nécessaires, absorbent une grande partie de leur temps et de leur énergie, laissant peu de place pour l'innovation et la créativité. *C'est là que l'IA entre en jeu, en offrant des solutions pour* *automatiser ces tâches et libérer du temps pour des activités à plus forte valeur ajoutée.*

Le rôle de l'IA dans l'amélioration de la productivité

L'IA est capable de traiter rapidement et avec précision des quantités massives de données, d'apprendre des modèles complexes et de prendre des décisions basées sur ces apprentissages. Ces capacités peuvent être appliquées à divers aspects de la productivité :

1. **Automatisation des tâches répétitives** : L'IA peut prendre en charge des tâches telles que la gestion des emails, la planification des agendas ou la saisie de données, libérant ainsi du temps pour des activités plus stratégiques.

2. **Analyse de données** : Grâce à l'IA, il est possible d'analyser rapidement des données pour identifier des tendances, des opportunités ou des problèmes potentiels. Cela permet de prendre des décisions éclairées et de réagir plus rapidement aux changements du marché.

3. **Personnalisation** : L'IA peut aider à personnaliser les communications, les contenus et les expériences client, améliorant ainsi l'engagement et la satisfaction.

4. **Optimisation des processus** : En analysant les flux de travail et les processus métiers, l'IA peut suggérer des optimisations pour réduire les coûts, améliorer l'efficacité et accélérer la livraison des résultats.

Objectifs du guide

Ce guide est conçu pour vous aider à comprendre comment l'IA peut être utilisée pour améliorer votre productivité. Nous allons explorer des outils et des stratégies pratiques pour intégrer l'IA dans votre travail quotidien. Que vous soyez un professionnel cherchant à optimiser votre temps ou un entrepreneur souhaitant améliorer l'efficacité de votre entreprise, ce guide vous fournira les connaissances nécessaires pour tirer parti des avantages de l'IA.

Nous aborderons des sujets tels que l'utilisation d'outils comme ChatGPT, Notion et Calendly, ainsi que Mistral AI, une solution française qui se distingue par sa capacité à gérer des tâches en français. Nous verrons comment automatiser les tâches répétitives, analyser des données pour prendre des décisions éclairées et personnaliser les processus pour améliorer l'efficacité.

Ce guide est écrit pour être accessible à tous, même à ceux qui ne connaissent pas l'IA. Nous utiliserons un langage clair et des exemples concrets pour vous montrer comment l'IA peut être utilisée dans votre vie professionnelle quotidienne. Notre objectif est de vous donner les outils et les stratégies nécessaires pour travailler moins et réussir mieux avec l'IA.

Pourquoi l'IA est-elle si importante aujourd'hui ?

L'IA est en train de transformer le monde du travail à une vitesse sans précédent. Les entreprises qui adoptent l'IA sont mieux à même de s'adapter aux changements rapides du marché, d'innover et de maintenir leur compétitivité. Mais l'IA n'est pas seulement réservée aux grandes entreprises ; elle peut être utilisée par n'importe qui pour améliorer sa productivité et sa qualité de vie.

En intégrant l'IA dans votre quotidien, vous pourrez vous concentrer sur des tâches à plus forte valeur ajoutée, comme la créativité, l'innovation et la prise de décision stratégique. Cela vous permettra non seulement de gagner du temps mais aussi de réaliser vos objectifs plus rapidement et avec plus d'efficacité.

Comment utiliser ce guide

Ce guide est structuré pour **vous guider étape par étape dans l'intégration de l'IA dans votre travail.** Chaque chapitre se concentre sur un aspect spécifique de la productivité et propose des outils et des stratégies pratiques pour commencer à utiliser l'IA dès aujourd'hui.

Nous commencerons par explorer les outils d'IA les plus populaires et leurs applications dans le monde professionnel. Ensuite, nous aborderons la manière d'automatiser les tâches répétitives, d'analyser des données pour prendre des décisions éclairées et de personnaliser les processus pour améliorer l'efficacité.

Enfin, nous vous donnerons des conseils pratiques pour intégrer l'IA dans votre quotidien et tirer parti de ses avantages pour améliorer votre productivité. **Que vous soyez débutant ou déjà familiarisé avec l'IA, ce guide est conçu pour vous aider à atteindre vos objectifs plus rapidement et avec plus d'efficacité.**

Chapitre 1 : Comprendre l'IA et la productivité

Avant de plonger dans les applications pratiques de l'IA pour améliorer la productivité, il est essentiel de comprendre les bases de cette technologie révolutionnaire. L'intelligence artificielle (IA) est souvent définie comme la capacité d'une machine à simuler l'intelligence humaine, en traitant des informations, en apprenant des modèles et en prenant des décisions basées sur ces apprentissages. Dans le contexte de la productivité, l'IA peut être utilisée pour automatiser des tâches répétitives, analyser des données pour prendre des décisions éclairées et personnaliser les processus pour améliorer l'efficacité.

Définitions de base : Qu'est-ce que l'IA et comment fonctionne-t-elle ?

L'intelligence artificielle (IA) est un domaine en constante évolution qui a le potentiel de transformer profondément notre façon de vivre et de travailler. Pour comprendre comment l'IA peut améliorer la productivité, il est essentiel de commencer par les bases : qu'est-ce que l'IA et comment fonctionne-t-elle ?

Qu'est-ce que l'IA ?

L'intelligence artificielle est souvent définie comme la capacité d'une machine à simuler l'intelligence humaine. Cela inclut des tâches telles que la perception, le raisonnement, l'apprentissage et la résolution de problèmes. L'IA peut être appliquée dans divers domaines, allant de la reconnaissance vocale aux véhicules autonomes, en passant par l'analyse de données et la personnalisation des expériences utilisateur.

L'IA se distingue de l'informatique traditionnelle par sa capacité à traiter des informations complexes et à prendre des décisions basées sur ces informations, sans nécessiter d'instructions explicites pour chaque tâche. Cela signifie que les systèmes d'IA peuvent apprendre à partir des données et s'adapter à de nouvelles situations, ce qui les rend particulièrement utiles pour des tâches qui nécessitent une grande flexibilité et une capacité d'adaptation.

Comment fonctionne l'IA ?

L'IA fonctionne principalement grâce à des algorithmes complexes qui permettent aux machines d'apprendre à partir des données. Voici les étapes clés du processus :

1. **Collecte de données** : Les systèmes d'IA nécessitent de grandes quantités de données pour apprendre. Ces données peuvent provenir de diverses sources, comme des bases de données, des capteurs ou des interactions utilisateur.

2. **Apprentissage automatique** : Une fois les données collectées, l'apprentissage automatique (ou machine learning) entre en jeu. C'est une sous-discipline de l'IA qui permet aux machines d'apprendre sans être explicitement programmées. Les algorithmes d'apprentissage automatique analysent les données pour identifier des modèles et des relations.

3. **Modélisation** : Après avoir appris à partir des données, le système crée un modèle qui peut être utilisé pour faire des prédictions ou prendre des décisions. Ce modèle est essentiellement une représentation mathématique des relations observées dans les données.

4. **Déploiement** : Une fois le modèle créé, il est déployé dans un environnement réel où il peut être utilisé pour

effectuer des tâches spécifiques, comme la classification d'images, la reconnaissance vocale ou l'analyse de données.

5. **Itération et amélioration** : Les systèmes d'IA ne sont pas statiques ; ils s'améliorent continuellement grâce à de nouvelles données et à des rétroactions. Cela permet aux modèles de s'adapter à des conditions changeantes et de maintenir ou d'améliorer leur performance au fil du temps.

Types d'IA

Il existe plusieurs types d'IA, chacun avec ses propres capacités et applications :

1. **IA faible (ou étroite)** : C'est le type d'IA le plus courant. Elle est conçue pour effectuer une tâche spécifique, comme la reconnaissance faciale ou la traduction automatique. Les assistants virtuels comme Siri ou Alexa sont des exemples d'IA faible.

2. **IA générale** : Ce type d'IA est capable de réaliser n'importe quelle tâche intellectuelle que pourrait faire un être humain. Cependant, l'IA générale n'existe pas encore dans la pratique.

3. **IA superintelligente** : C'est un type hypothétique d'IA qui surpasserait significativement l'intelligence humaine dans presque tous les domaines. L'IA superintelligente est encore un sujet de débat et de recherche.

Avantages de l'IA pour la productivité

L'IA offre plusieurs avantages pour améliorer la productivité :

1. **Automatisation** : L'IA peut prendre en charge des tâches répétitives et chronophages, libérant ainsi du temps pour des activités à plus forte valeur ajoutée.

2. **Analyse de données** : Grâce à sa capacité à traiter rapidement de grandes quantités de données, l'IA peut

aider à identifier des tendances, des opportunités ou des problèmes potentiels, permettant ainsi de prendre des décisions éclairées.

3. **Personnalisation** : L'IA peut personnaliser les communications, les contenus et les expériences client, améliorant ainsi l'engagement et la satisfaction.

4. **Optimisation des processus** : En analysant les flux de travail et les processus métiers, l'IA peut suggérer des optimisations pour réduire les coûts, améliorer l'efficacité et accélérer la livraison des résultats.

En résumé, l'IA est une technologie puissante qui peut être utilisée pour améliorer la productivité en automatisant les tâches, en analysant les données et en personnalisant les processus. **Comprendre comment fonctionne l'IA est essentiel pour tirer parti de ses avantages dans le monde professionnel.**

Avantages de l'IA pour la productivité : Automatisation, analyse de données, personnalisation

L'intelligence artificielle (IA) offre une multitude d'avantages pour améliorer la productivité dans divers domaines professionnels. Trois des principaux avantages de l'IA sont l'automatisation des tâches répétitives, l'analyse rapide et précise des données, et la personnalisation des expériences. Dans cette section, nous allons explorer en détail comment ces aspects peuvent transformer votre façon de travailler.

2.1 Automatisation des tâches répétitives

L'automatisation des tâches répétitives est l'un des principaux avantages de l'IA pour la productivité. **Les systèmes d'IA**

16

peuvent prendre en charge des activités chronophages et monotones, libérant ainsi du temps pour des tâches à plus forte valeur ajoutée. Voici comment l'automatisation peut être bénéfique :

1. *Réduction des erreurs humaines* : Les machines sont moins sujettes aux erreurs que les humains, surtout dans des tâches répétitives où la concentration peut baisser avec le temps. L'IA peut effectuer ces tâches avec une précision constante, réduisant ainsi les erreurs et les retards associés à la correction de ces erreurs.

2. *Gain de temps* : En automatisant les tâches répétitives, les professionnels peuvent se concentrer sur des activités stratégiques qui nécessitent créativité, innovation et prise de décision. Cela permet d'augmenter la productivité globale de l'entreprise et d'améliorer la qualité des résultats.

3. *Optimisation des ressources* : L'automatisation permet de réduire les coûts liés à la main-d'œuvre et d'optimiser l'utilisation des ressources. Les entreprises peuvent ainsi allouer leurs ressources humaines et financières à des projets plus complexes et à plus forte valeur ajoutée.

Exemples d'automatisation

- *Gestion des emails* : Les assistants d'IA comme ChatGPT ou Mistral AI peuvent aider à trier et répondre automatiquement aux emails, libérant ainsi du temps pour des tâches plus importantes.

- *Planification des agendas* : Des outils comme Calendly peuvent automatiser la planification des réunions, réduisant ainsi les échanges de mails pour fixer des rendez-vous.

- *Saisie de données* : L'IA peut automatiser la saisie de données à partir de documents ou d'images, ce qui est particulièrement utile pour les entreprises qui traitent de grandes quantités de données.

2.2 Analyse de données

L'analyse de données est un autre domaine où l'IA excelle. Les systèmes d'IA peuvent traiter rapidement de grandes quantités de données pour identifier des tendances, des modèles et des insights qui pourraient échapper à l'œil humain. Voici comment l'IA peut améliorer l'analyse des données :

1. *Rapidité et efficacité* : Les outils d'IA peuvent analyser des données beaucoup plus rapidement que les humains, permettant ainsi aux entreprises de prendre des décisions éclairées en temps réel.

2. *Précision et fiabilité* : L'IA peut détecter des erreurs ou des incohérences dans les données, garantissant ainsi que les analyses sont précises et fiables.

3. *Démocratisation des données* : Grâce à l'IA, les utilisateurs non techniques peuvent accéder et analyser des données complexes sans nécessiter une expertise approfondie en science des données.

Exemples d'analyse de données

- *Analyse prédictive* : L'IA peut être utilisée pour prédire les tendances futures des ventes ou des marchés, aidant ainsi les entreprises à anticiper et à s'adapter aux changements.

- *Génération automatisée de rapports* : Les outils d'IA peuvent générer des rapports de manière automatique, ce qui permet de gagner du temps et d'assurer que tous les employés ont accès aux mêmes informations en temps voulu.

- *Optimisation des processus* : L'IA peut analyser les flux de travail pour identifier les inefficacités et suggérer des améliorations, ce qui permet d'optimiser les processus métiers et d'accroître l'efficacité opérationnelle.

2.3 Personnalisation

La personnalisation est un aspect clé de l'IA qui peut améliorer la productivité en rendant les interactions plus efficaces et plus pertinentes. Voici comment la personnalisation fonctionne :

1. *Expérience client personnalisée* : L'IA peut analyser les données des clients pour offrir des expériences personnalisées, ce qui renforce la satisfaction et l'engagement des clients.

2. *Communication ciblée* : Les systèmes d'IA peuvent personnaliser les communications en fonction des préférences et des comportements individuels, augmentant ainsi l'efficacité des campagnes marketing et des interactions client.

3. *Optimisation des processus internes* : L'IA peut également personnaliser les flux de travail internes en fonction des besoins spécifiques des équipes, ce qui améliore l'efficacité opérationnelle et réduit les tâches administratives.

Exemples de personnalisation

- *Recommandations personnalisées* : Les systèmes d'IA peuvent suggérer des produits ou des services en fonction des préférences des clients, augmentant ainsi les ventes et la satisfaction client.

- *Assistance virtuelle* : Les assistants virtuels peuvent offrir une assistance personnalisée aux employés ou aux clients, aidant ainsi à résoudre rapidement les problèmes et à réduire les temps d'attente.

- *Formation personnalisée* : L'IA peut également être utilisée pour créer des programmes de formation adaptés aux besoins individuels des employés, ce qui améliore l'apprentissage et la rétention des compétences.

En résumé, l'IA offre des avantages significatifs pour la productivité en automatisant les tâches répétitives, en analysant rapidement et précisément les données, et en personnalisant les expériences. Ces capacités permettent aux entreprises de libérer du temps pour des activités stratégiques, d'améliorer l'efficacité opérationnelle et de renforcer l'engagement des clients.

Exemples d'applications : Chatbots, assistants virtuels, outils de gestion de projet

L'intelligence artificielle (IA) transforme rapidement la manière dont nous travaillons, et certaines des applications les plus accessibles et pratiques pour améliorer la productivité incluent les chatbots, les assistants virtuels et les outils de gestion de projet. Ces technologies permettent d'automatiser les tâches répétitives, de simplifier la communication et d'optimiser les processus, offrant ainsi des gains de temps et d'efficacité significatifs. Voici un aperçu détaillé de ces applications et des exemples concrets de leur utilisation.

1. Chatbots : Automatiser et simplifier les interactions

Les chatbots, ou agents conversationnels, sont des programmes basés sur l'IA capables d'interagir avec les utilisateurs via du texte ou de la voix. Ils sont conçus pour répondre à des questions, fournir des informations ou exécuter des tâches spécifiques. Voici comment ils peuvent améliorer la productivité :

Automatisation des tâches répétitives

Les chatbots comme ChatGPT, MAIA ou CustomGPT peuvent être programmés pour gérer des tâches répétitives telles que :

- Répondre aux questions fréquentes (FAQ) des clients ou employés.

- Traduire automatiquement des messages dans différentes langues.

- Planifier des rendez-vous ou envoyer des rappels.

Exemple concret : Une entreprise utilise un chatbot pour répondre aux demandes courantes des employés concernant les politiques RH (congés, avantages). Cela réduit le volume de travail du service RH tout en offrant une assistance instantanée aux employés.

Amélioration de la communication interne

Dans un environnement professionnel, trouver rapidement une information ou contacter la bonne personne peut être chronophage. Les chatbots intégrés à des plateformes comme Slack ou Microsoft Teams permettent :

- D'obtenir instantanément des réponses sur les politiques internes.

- De localiser rapidement un document ou une ressource.

- De coordonner les horaires entre collègues.

Exemple concret : Une équipe marketing utilise un chatbot intégré à Slack pour poser des questions sur les campagnes précédentes et obtenir instantanément des données historiques.

Personnalisation et onboarding

Les chatbots peuvent personnaliser leur assistance en fonction du profil de l'utilisateur. Par exemple, lors de l'intégration d'un nouvel employé (onboarding), un chatbot peut :

- Fournir un guide personnalisé sur l'entreprise.

- Partager les ressources nécessaires pour commencer.

- Répondre aux questions spécifiques du nouvel arrivant.

Exemple concret : Une startup utilise MAIA pour guider ses nouveaux employés à travers le processus d'onboarding, réduisant ainsi le temps nécessaire à leur intégration.

2. Assistants virtuels : Une aide personnalisée au quotidien

Les assistants virtuels basés sur l'IA vont au-delà des chatbots en offrant une assistance proactive et personnalisée dans divers domaines. Ils sont capables d'analyser vos habitudes et vos besoins pour anticiper vos actions.

Gestion du temps

Des assistants comme Alexa, Google Assistant ou Mistral AI peuvent gérer votre emploi du temps en :

- Planifiant automatiquement vos réunions.

- Envoyant des rappels avant les échéances importantes.

- Proposant des créneaux optimaux pour vos tâches prioritaires.

Exemple concret : Un consultant utilise Google Assistant pour synchroniser son agenda avec celui de ses clients, réduisant ainsi le temps passé à organiser ses rendez-vous.

Support administratif

Les assistants virtuels peuvent automatiser diverses tâches administratives :

- Générer et envoyer des factures.

- Réaliser des transcriptions automatiques lors de réunions.

- Classer automatiquement vos emails en fonction de leur priorité.

Exemple concret : Une PME utilise Mistral AI pour trier automatiquement ses emails en catégories (urgent, information générale), permettant aux employés de se concentrer sur l'essentiel.

Amélioration de l'expérience client

Dans le domaine du service client, les assistants virtuels peuvent offrir une assistance 24/7 :

- Répondre aux questions courantes sur les produits ou services.

- Suivre l'état d'une commande ou d'un retour.

- Proposer une assistance technique via un guide interactif.

Exemple concret : Une boutique en ligne utilise un assistant virtuel pour aider ses clients à suivre leurs commandes et résoudre leurs problèmes techniques sans intervention humaine.

3. Outils de gestion de projet : Organiser et optimiser le travail en équipe

Les outils de gestion de projet sont essentiels pour structurer le travail collaboratif et garantir que tous les membres d'une équipe restent alignés sur leurs objectifs. Avec l'intégration croissante de l'IA dans ces outils, ils deviennent encore plus puissants et intuitifs.

Centralisation des informations

Des plateformes comme Asana, Trello ou Wrike permettent de centraliser toutes les informations liées à un projet :

- Suivi des tâches assignées à chaque membre.

- Visualisation claire des échéances grâce à des calendriers partagés.

- Mise à jour automatique du statut des projets.

Exemple concret : Une agence digitale utilise Asana pour coordonner ses équipes créatives et techniques, assurant que tous travaillent sur la même version d'un projet sans confusion.

Automatisation des workflows

Certains outils comme Smartsheet ou Zoho Projects intègrent l'IA pour automatiser les flux de travail :

- Génération automatique de rapports hebdomadaires.

- Envoi d'alertes lorsque certaines tâches sont bloquées.

- Allocation intelligente des ressources en fonction des disponibilités et compétences.

Exemple concret : Une entreprise logistique utilise Smartsheet pour automatiser la gestion de son inventaire, réduisant ainsi le risque d'erreurs humaines.

Collaboration en temps réel

La collaboration est essentielle dans tout projet. Les outils modernes offrent :

- Des fonctionnalités de messagerie instantanée intégrées (ex. Slack).

- Des tableaux Kanban interactifs pour visualiser l'avancement du projet.

- Des espaces partagés où tous les membres peuvent commenter ou modifier directement les documents.

Exemple concret : Une équipe internationale utilise Trello avec Slack intégré pour suivre ses campagnes marketing mondiales en temps réel.

Analyse prédictive

Certains outils intègrent désormais l'analyse prédictive grâce à l'IA. Par exemple :

- Identifier les risques potentiels avant qu'ils ne deviennent problématiques.

- Proposer des ajustements au planning en fonction du taux d'avancement actuel.

Exemple concret : Une entreprise technologique utilise Wrike pour analyser automatiquement si ses projets respectent leurs délais prévus et propose des ajustements si nécessaire.

Pourquoi ces outils sont-ils essentiels ?

1. **Gains de temps significatifs** : En automatisant certaines tâches avec ces outils, vous libérez du temps pour vous concentrer sur ce qui compte vraiment.

2. **Meilleure organisation** : La centralisation et la visualisation claire permettent une coordination fluide entre tous les membres d'une équipe.

3. **Réduction du stress** : En déléguant certaines responsabilités aux technologies IA, vous réduisez la charge mentale associée au suivi constant des projets ou à la gestion administrative.

Conclusion

Les chatbots, assistants virtuels et outils de gestion de projet ne sont pas simplement "pratiques" ; ils redéfinissent notre façon de travailler en rendant nos journées plus efficaces et moins stressantes. Que ce soit pour automatiser une tâche répétitive avec un chatbot comme MAIA, organiser votre emploi du temps avec Google Assistant ou coordonner votre équipe avec Asana, ces technologies offrent une multitude d'applications concrètes adaptées à tous types d'activités professionnelles.

En intégrant ces outils dans votre quotidien professionnel, vous pouvez non seulement augmenter votre productivité mais aussi améliorer votre qualité de vie au travail.

Conclusion de ce chapitre 1

Dans ce chapitre, nous avons exploré les fondements de l'IA et ses applications pratiques pour améliorer la productivité. Les chatbots, assistants virtuels et outils de gestion de projet sont autant d'exemples concrets de comment l'IA peut transformer notre façon de travailler. En automatisant les tâches répétitives, en analysant les données et en personnalisant les expériences, ces technologies offrent des gains de temps et d'efficacité significatifs.

Cependant, **pour tirer pleinement parti de ces avantages, il est crucial de comprendre comment intégrer ces outils dans votre quotidien professionnel.** La clé du succès réside dans la capacité à identifier les tâches qui peuvent être automatisées et à mettre en place des stratégies pour optimiser les processus métiers.

Dans le chapitre suivant, "Outils d'IA pour la productivité", nous allons plonger plus en profondeur dans les outils spécifiques qui peuvent être utilisés pour améliorer la productivité. Ce chapitre vous donnera les connaissances pratiques nécessaires pour commencer à utiliser ces outils immédiatement et tirer parti de leurs avantages pour améliorer votre productivité.

Chapitre 2 : Outils d'IA pour la productivité

Maintenant que nous avons exploré les concepts fondamentaux de l'IA et ses avantages pour la productivité, il est temps de découvrir les outils concrets qui peuvent transformer votre quotidien professionnel. Ce chapitre présente une sélection d'outils d'IA accessibles et efficaces, même pour les débutants.

Nous examinerons d'abord ChatGPT, un assistant de rédaction polyvalent qui peut vous aider à créer du contenu, répondre à des emails ou résumer des informations. Nous découvrirons ensuite Notion, un outil de gestion de connaissances qui intègre l'IA pour organiser vos projets et vos idées. Nous verrons également comment Calendly peut simplifier la planification de vos rendez-vous. Enfin, nous explorerons Mistral AI, une solution française qui excelle dans le traitement du langage en français.

Pour chaque outil, nous présenterons des cas d'utilisation concrets et des conseils pratiques pour vous aider à les intégrer facilement dans votre workflow quotidien.

Présentation des outils populaires

Dans le monde professionnel actuel, l'intelligence artificielle (IA) est devenue un outil indispensable pour améliorer la productivité. Voici une présentation détaillée de quelques-uns des outils d'IA les plus populaires et leurs applications pratiques pour augmenter votre efficacité au travail.

1. ChatGPT : L'assistant polyvalent

ChatGPT, développé par OpenAI, est un modèle de langage avancé capable de comprendre et de générer du texte humain. Il est conçu pour aider les professionnels dans diverses tâches, allant de la rédaction de documents à la gestion des emails.

<u>Avantages de ChatGPT</u>

1. *Rédaction et recherche* : ChatGPT peut générer des idées de contenu, rédiger des articles, des publications sur les réseaux sociaux ou même des copies pour votre site web. Il peut également aider à formuler des propositions commerciales convaincantes et structurer les arguments pour mettre en valeur les avantages des produits ou services.
2. *Automatisation des tâches répétitives* : ChatGPT peut être programmé pour automatiser certaines tâches répétitives, comme la réponse à des emails standard ou la création de rapports automatisés. Cela libère du temps pour des tâches plus complexes et stratégiques.
3. *Support client automatisé* : Il peut intégrer des chatbots pour répondre automatiquement aux questions fréquentes des clients, améliorant ainsi l'expérience client et réduisant les temps d'attente.

<u>Exemples d'utilisation</u>

- *Rédaction d'emails* : Utilisez ChatGPT pour rédiger des emails professionnels ou pour répondre automatiquement à des questions courantes.

- *Génération de contenu* : ChatGPT peut aider à créer des brouillons pour des articles de blog ou des posts sur les réseaux sociaux.
- *Recherche et synthèse* : Il peut résumer des documents longs ou fournir des informations sur un sujet spécifique, facilitant ainsi la recherche et l'analyse.

2. Notion : L'outil de gestion de connaissances

Notion est une plateforme polyvalente qui permet d'organiser et de gérer des projets, des notes et des données dans un seul espace. Elle intègre des fonctionnalités d'IA pour améliorer la productivité.

Avantages de Notion

1. *Centralisation des informations* : Notion permet de stocker toutes vos notes, tâches et projets dans un seul endroit, facilitant ainsi l'accès et la gestion des informations.
2. *Collaboration en temps réel* : Les équipes peuvent travailler ensemble sur des documents et des projets en temps réel, ce qui améliore la communication et la coordination.
3. *Personnalisation* : Notion offre une grande flexibilité pour personnaliser votre espace de travail en fonction de vos besoins spécifiques.

Exemples d'utilisation

- *Gestion de projet* : Utilisez Notion pour créer des tableaux Kanban, des calendriers partagés et des listes de tâches pour suivre l'avancement des projets.
- *Notes et documentation* : Stockez et organisez vos notes et documents dans des pages et des sous-pages pour un accès facile.

- *Base de connaissances* : Créez une base de connaissances pour votre équipe, contenant des informations essentielles et des ressources partagées.

3. Calendly : L'automatisation de la planification

Calendly est un outil qui simplifie la planification des rendez-vous en automatisant le processus de fixation des horaires. Il intègre l'IA pour optimiser la disponibilité et éviter les conflits.

Avantages de Calendly

1. *Gain de temps* : Calendly réduit considérablement le temps passé à organiser des réunions, en évitant les allers-retours pour trouver un créneau convenable.
2. *Flexibilité* : Il permet aux invités de choisir un horaire qui leur convient le mieux, tout en respectant vos contraintes de disponibilité.
3. *Intégration avec d'autres outils* : Calendly s'intègre bien avec d'autres applications comme Google Calendar ou Outlook, garantissant une synchronisation fluide.

Exemples d'utilisation

- *Planification de réunions* : Utilisez Calendly pour envoyer des liens de planification à vos clients ou collègues, leur permettant de choisir un horaire qui leur convient.
- *Gestion des événements* : Organisez des événements en ligne ou en personne en utilisant Calendly pour gérer les inscriptions et les horaires.
- *Suivi des rendez-vous* : Configurez des rappels automatiques pour vous assurer que vous ne manquez jamais une réunion importante.

4. Mistral AI : La solution française pour le traitement du langage

Mistral AI est une plateforme d'IA française spécialisée dans le traitement du langage naturel. Elle offre des capacités avancées pour la génération de texte, l'analyse de données et la personnalisation des communications en français.

Avantages de Mistral AI

1. *Traitement du français* : Mistral AI est particulièrement adaptée pour les utilisateurs francophones, offrant une précision et une compréhension supérieures dans le traitement du langage français.
2. *Génération de contenu* : Elle peut générer des textes de qualité pour diverses applications, comme la rédaction d'emails ou la création de contenu marketing.
3. *Analyse de données* : Mistral AI peut analyser des données en français pour identifier des tendances ou des modèles, aidant ainsi à prendre des décisions éclairées.

Exemples d'utilisation

- *Rédaction automatique* : Utilisez Mistral AI pour générer des réponses automatiques aux emails ou pour créer des documents en français.
- *Analyse de données* : Analysez des données en français pour identifier des tendances ou des modèles dans votre entreprise.
- *Personnalisation des communications* : Personnalisez les emails ou les messages en fonction des préférences des clients ou des employés.

Conclusion

Ces outils d'IA, tels que ChatGPT, Notion, Calendly et Mistral AI, offrent des solutions pratiques pour améliorer la productivité dans divers domaines professionnels. En automatisant les tâches répétitives, en organisant efficacement les informations et en personnalisant les communications, ces outils permettent de gagner du temps et d'améliorer la qualité du travail.

Fonctionnalités et avantages

Chaque outil d'IA présenté dans cette section offre des fonctionnalités uniques qui peuvent améliorer la productivité dans divers contextes professionnels. Voici comment chaque outil peut contribuer à augmenter l'efficacité et les résultats dans le monde du travail.

1. ChatGPT : Amélioration de la productivité par l'automatisation

ChatGPT est un modèle de langage avancé capable de générer du texte humain de manière convaincante. Ses fonctionnalités incluent la rédaction de documents, la gestion des emails et la recherche d'informations. Voici comment ChatGPT peut améliorer la productivité :

- *Automatisation des tâches répétitives* : ChatGPT peut rédiger des emails standard, compiler des rapports ou gérer des requêtes courantes, libérant ainsi du temps pour des tâches plus stratégiques. Selon une étude du MIT, l'utilisation de ChatGPT a permis de réduire le temps passé sur ces tâches de 59% et d'améliorer la qualité des résultats.
- *Support à la créativité* : En générant des idées ou des brouillons de contenu, ChatGPT peut aider à surmonter les blocages créatifs et accélérer le processus de création.
- *Recherche et synthèse* : ChatGPT peut résumer des documents longs ou fournir des informations sur un

sujet spécifique, facilitant ainsi la recherche et l'analyse.

2. Notion : Organisation et collaboration

Notion est une plateforme polyvalente qui permet d'organiser et de gérer des projets, des notes et des données dans un seul espace. Voici comment Notion peut améliorer la productivité :

- *Centralisation des informations* : Notion permet de stocker toutes vos notes, tâches et projets dans un seul endroit, facilitant ainsi l'accès et la gestion des informations. Cela réduit la complexité liée à la gestion de multiples outils et flux de travail disjointes.
- *Collaboration en temps réel* : Les équipes peuvent travailler ensemble sur des documents et des projets en temps réel, ce qui améliore la communication et la coordination. Notion soutient la collaboration en permettant à plusieurs utilisateurs de contribuer simultanément.
- *Personnalisation* : Notion offre une grande flexibilité pour personnaliser votre espace de travail en fonction de vos besoins spécifiques, grâce à des modèles et des pages personnalisables.

3. Calendly : Planification et gestion du temps

Calendly est un outil qui simplifie la planification des rendez-vous en automatisant le processus de fixation des horaires. Voici comment Calendly peut améliorer la productivité :

- *Gain de temps* : Calendly réduit considérablement le temps passé à organiser des réunions, en évitant les allers-retours pour trouver un créneau convenable. Cela permet aux équipes de se concentrer sur des tâches plus stratégiques.

- *Flexibilité* : Il permet aux invités de choisir un horaire qui leur convient le mieux, tout en respectant vos contraintes de disponibilité. Cela améliore la satisfaction des clients et des collègues en leur offrant plus de flexibilité.
- *Intégration avec d'autres outils* : Calendly s'intègre bien avec d'autres applications comme Google Calendar ou Outlook, garantissant une synchronisation fluide et réduisant les erreurs de planification.

4. Mistral AI : Avantages pour les utilisateurs francophones

Mistral AI est une plateforme d'IA française spécialisée dans le traitement du langage naturel. Elle offre des capacités avancées pour la génération de texte, l'analyse de données et la personnalisation des communications en français. Voici comment Mistral AI peut améliorer la productivité :

- *Traitement du français* : Mistral AI est particulièrement adaptée pour les utilisateurs francophones, offrant une précision et une compréhension supérieures dans le traitement du langage français. Cela est crucial pour les entreprises qui opèrent principalement en français et ont besoin de solutions adaptées à leur marché.
- *Génération de contenu* : Elle peut générer des textes de qualité pour diverses applications, comme la rédaction d'emails ou la création de contenu marketing. Cela permet de standardiser les communications tout en respectant les nuances du français.
- *Analyse de données* : Mistral AI peut analyser des données en français pour identifier des tendances ou des modèles, aidant ainsi à prendre des décisions éclairées. Cela est particulièrement utile pour les entreprises qui traitent de grandes quantités de données en français.

34

Avantages spécifiques de Mistral AI pour les utilisateurs francophones

Mistral AI se distingue par sa capacité à traiter le français avec une grande précision, ce qui est essentiel pour les entreprises opérant dans des marchés francophones. Voici quelques avantages supplémentaires :

- *Compréhension culturelle* : En étant conçu pour le marché français, Mistral AI comprend mieux les nuances culturelles et linguistiques, ce qui est crucial pour la création de contenu et la communication efficace.
- *Intégration avec les flux de travail existants* : Mistral AI peut être intégré dans les processus métiers existants pour automatiser des tâches répétitives ou améliorer la qualité des communications en français.
- *Soutien à la créativité* : En générant des idées ou des brouillons de contenu en français, Mistral AI peut aider les professionnels à surmonter les blocages créatifs et à accélérer le processus de création.

Exemples d'utilisation de Mistral AI

- *Rédaction automatique* : Utilisez Mistral AI pour générer des réponses automatiques aux emails ou pour créer des documents en français.
- *Analyse de données* : Analysez des données en français pour identifier des tendances ou des modèles dans votre entreprise.
- *Personnalisation des communications* : Personnalisez les emails ou les messages en fonction des préférences des clients ou des employés.

Conclusion

Ces outils d'IA, tels que ChatGPT, Notion, Calendly et Mistral AI, offrent des solutions pratiques pour améliorer la productivité dans divers domaines professionnels. En automatisant les tâches répétitives, en organisant efficacement les informations et en personnalisant les communications, ces outils permettent de gagner du temps et d'améliorer la qualité du travail. L'avantage unique de Mistral AI pour les utilisateurs francophones réside dans sa capacité à traiter le français avec précision, ce qui est essentiel pour les entreprises opérant dans des marchés francophones.

Exemples d'utilisation

Les outils d'IA comme ChatGPT, Notion, Calendly et Mistral AI peuvent être utilisés de manière pratique pour améliorer la productivité dans divers contextes professionnels. Voici des exemples concrets d'utilisation pour chaque outil :

1. ChatGPT : Rédaction d'emails et de rapports

ChatGPT est un outil polyvalent qui peut aider à rédiger des emails professionnels et des rapports efficaces. Voici comment l'utiliser :

- *Rédaction d'emails* : Utilisez ChatGPT pour générer des réponses automatiques aux emails courants. Par exemple, si vous devez informer un client d'un retard de livraison, ChatGPT peut vous aider à rédiger un email clair et professionnel. Vous pouvez fournir le contexte et demander à ChatGPT de rédiger un message adapté.

Exemple : "Rédige un email pour informer un client que sa commande sera retardée. Inclure les raisons du retard et la nouvelle date de livraison prévue."

Avantages : Cette approche permet de gagner du temps et d'assurer une cohérence dans les communications avec les clients. Les emails générés par ChatGPT peuvent être personnalisés en fonction des besoins spécifiques de chaque client. Par exemple, vous pouvez intégrer des détails sur les produits commandés ou des offres spéciales pour fidéliser le client.

Cas d'usage avancé : Pour les entreprises qui gèrent un grand volume de emails, ChatGPT peut être intégré dans un système de gestion des emails pour automatiser les réponses à des questions fréquentes, libérant ainsi le personnel pour se concentrer sur des interactions plus complexes.

- *Génération de rapports* : ChatGPT peut également aider à créer des rapports professionnels en résumant des données complexes ou en proposant une structure pour un rapport. Par exemple, pour un rapport trimestriel, vous pouvez demander à ChatGPT de résumer les points clés et de suggérer une introduction.

Exemple : "Rédige un résumé pour le rapport trimestriel de l'entreprise, incluant les résultats financiers et les objectifs futurs."

Avantages : ChatGPT peut aider à structurer les rapports de manière logique et à mettre en avant les informations les plus importantes, ce qui facilite la compréhension et la prise de décision. De plus, il peut suggérer des graphiques ou des tableaux pour illustrer les données, rendant ainsi le rapport plus engageant et facile à comprendre.

2. Notion : Organisation des tâches et des projets

Notion est un outil puissant pour organiser et gérer des projets. Voici comment l'utiliser :

- *Gestion de projet* : Créez des tableaux Kanban pour visualiser l'avancement des tâches, des calendriers pour suivre les échéances et des bases de données pour stocker les informations relatives au projet.

Exemple : Utilisez Notion pour suivre le développement d'un nouveau produit, en incluant les étapes de conception, de test et de lancement.

Avantages : Notion permet de centraliser toutes les informations liées à un projet dans un seul endroit, facilitant ainsi la collaboration entre les membres de l'équipe et réduisant les erreurs dues à des informations manquantes ou obsolètes. Les templates de Notion, comme le "Second Brain 3.0", offrent une structure prête à l'emploi pour gérer les tâches quotidiennes et les projets à long terme.

Cas d'usage avancé : Pour les startups, Notion peut être utilisé pour créer un "Startup in a Box" template, qui inclut des outils pour la gestion des finances, le suivi des clients et la planification stratégique. Cela aide les nouvelles entreprises à se structurer rapidement et efficacement.

- *Listes de tâches* : Organisez vos tâches quotidiennes ou hebdomadaires dans des listes avec des sous-tâches déroulantes pour une meilleure structuration.

Exemple : Créez une liste de tâches pour une campagne marketing, incluant des sous-tâches pour la création de contenu, la gestion des réseaux sociaux et l'analyse des résultats.

Avantages : Cette approche aide à prioriser les tâches et à suivre leur progression, ce qui permet de mieux gérer le temps et de respecter les délais. Notion permet également de définir des objectifs SMART (Spécifiques, Mesurables, Atteignables, Réalistes et Temporisés) pour chaque projet, garantissant ainsi que les efforts sont concentrés sur des résultats tangibles.

3. Calendly : Planification des réunions

Calendly simplifie la planification des réunions en automatisant le processus de fixation des horaires. Voici comment l'utiliser :

- *Planification de réunions* : Partagez un lien Calendly avec vos contacts pour qu'ils puissent choisir un créneau qui leur convient. Cela évite les échanges répétitifs pour trouver un horaire.

Exemple : Utilisez Calendly pour planifier des réunions avec des clients potentiels, en leur permettant de sélectionner un horaire parmi ceux que vous avez définis.

Avantages : Calendly réduit le temps passé à organiser des réunions, ce qui permet de se concentrer sur des tâches plus stratégiques. De plus, il améliore la flexibilité en permettant aux invités de choisir un horaire qui leur convient, ce qui augmente la satisfaction des clients et des collègues.

Cas d'usage avancé : Pour les équipes distribuées géographiquement, Calendly peut être utilisé pour organiser des réunions en ligne en tenant compte des fuseaux horaires différents. Cela facilite la collaboration internationale et réduit les erreurs de planification dues aux différences de temps.

4. Mistral AI : Génération de réponses automatiques et analyse de données

Mistral AI est une solution française qui excelle dans le traitement du langage en français. Voici comment l'utiliser :

- *Génération de réponses automatiques* : Utilisez Mistral AI pour générer des réponses automatiques aux emails courants en français. Cela peut inclure des réponses à des questions fréquentes ou des confirmations de commande.

Exemple : Configurez Mistral AI pour répondre automatiquement aux emails concernant les retours de produits, en incluant les instructions pour le retour et les délais de traitement.

Avantages : Cette approche permet de gagner du temps et d'assurer une cohérence dans les communications avec les clients. Les réponses générées par Mistral AI peuvent être personnalisées en fonction des besoins spécifiques de chaque client, en tenant compte des nuances culturelles et linguistiques du français.

Cas d'usage avancé : Pour les entreprises opérant principalement en français, Mistral AI peut être intégré dans un système de gestion de la relation client pour automatiser les interactions avec les clients, tout en respectant les spécificités du marché francophone.

- *Analyse de données* : Analysez des données en français pour identifier des tendances ou des modèles. Par exemple, vous pouvez utiliser Mistral AI pour extraire des informations pertinentes à partir de rapports ou de documents en français.

Exemple : Utilisez l'API de Mistral AI pour analyser des documents PDF en français, en extrayant des données clés pour une analyse approfondie.

Avantages : Mistral AI peut aider à identifier des opportunités ou des problèmes potentiels en analysant des données en français, ce qui est particulièrement utile pour les entreprises opérant dans des marchés francophones. De plus, il peut suggérer des actions correctives basées sur les résultats de l'analyse, aidant ainsi à prendre des décisions éclairées.

Conclusion

Ces exemples illustrent comment chaque outil peut être utilisé pour améliorer la productivité dans différents contextes professionnels. En automatisant les tâches répétitives avec ChatGPT, en organisant efficacement les projets avec Notion, en simplifiant la planification des réunions avec Calendly et en analysant des données en français avec Mistral AI, vous pouvez gagner du temps et améliorer l'efficacité de votre travail quotidien.

Conclusion du Chapitre 2

Dans ce chapitre, nous avons exploré les outils d'IA les plus populaires pour améliorer la productivité, notamment ChatGPT, Notion, Calendly et Mistral AI. Chacun de ces outils offre des fonctionnalités uniques qui peuvent transformer votre façon de travailler en automatisant les tâches répétitives, en organisant efficacement les informations et en personnalisant les communications.

Récapitulation des principaux points

1. **ChatGPT** : Ce modèle de langage avancé peut aider à rédiger des emails professionnels, générer des rapports et même soutenir la créativité en proposant des idées pour des projets. En automatisant ces tâches, vous pouvez libérer du temps pour des activités à plus forte valeur ajoutée.

2. **Notion** : Cette plateforme polyvalente permet d'organiser et de gérer des projets, des notes et des

données dans un seul espace. Elle facilite la collaboration en temps réel et offre une grande flexibilité pour personnaliser votre espace de travail.

3. **Calendly** : Cet outil simplifie la planification des réunions en automatisant le processus de fixation des horaires, ce qui réduit le temps passé à organiser des rendez-vous et améliore la flexibilité pour les invités.

4. **Mistral AI** : Spécialisée dans le traitement du langage en français, Mistral AI peut générer des réponses automatiques aux emails et analyser des données pour identifier des tendances ou des modèles, notamment. pour les entreprises opérant dans des marchés francophones.

Avantages globaux

L'utilisation de ces outils d'IA peut apporter plusieurs avantages significatifs à votre travail quotidien :

- **Gain de temps** : En automatisant les tâches répétitives, vous pouvez vous concentrer sur des activités stratégiques qui nécessitent créativité et innovation.

- **Amélioration de l'organisation** : Les outils comme Notion et Calendly aident à structurer vos projets et vos horaires de manière efficace, réduisant ainsi les erreurs et les retards.

- **Personnalisation** : Les solutions comme Mistral AI permettent de personnaliser les communications en fonction des besoins spécifiques des clients ou des employés, ce qui améliore l'engagement et la satisfaction.

Intégration dans le workflow

Pour tirer pleinement parti de ces outils, il est essentiel de les intégrer dans votre workflow quotidien. Voici quelques conseils pratiques :

1. **Commencez par des tâches simples** : Utilisez ChatGPT pour automatiser des emails courants ou Notion pour organiser vos notes.

2. **Évaluez vos besoins** : Identifiez les tâches qui peuvent être automatisées ou optimisées avec ces outils.

3. **Formez-vous** : Prenez le temps de comprendre les fonctionnalités avancées de chaque outil pour maximiser leur potentiel.

Perspectives futures

L'IA continue d'évoluer rapidement, et on peut s'attendre à voir de nouvelles fonctionnalités et applications dans un avenir proche. Les entreprises qui adoptent ces technologies dès maintenant seront mieux à même de rester compétitives et de tirer parti des innovations futures.

En résumé, les outils d'IA présentés dans ce chapitre offrent des solutions pratiques pour améliorer la productivité. En les intégrant dans votre quotidien professionnel, vous pouvez gagner du temps, améliorer l'organisation et personnaliser vos communications, ce qui vous permettra de travailler moins et de réussir mieux. Dans le chapitre suivant, nous explorerons comment automatiser les tâches répétitives avec l'IA pour aller encore plus loin dans l'optimisation de votre travail.

Chapitre 3 : Automatiser les tâches répétitives avec l'IA

Dans le monde professionnel actuel, les tâches répétitives et chronophages sont souvent un obstacle majeur à la productivité. L'intelligence artificielle (IA) offre une solution puissante pour automatiser ces tâches, libérant ainsi du temps pour des activités à plus forte valeur ajoutée. Ce chapitre explore comment utiliser l'IA pour automatiser efficacement les processus répétitifs, améliorant ainsi l'efficacité et la précision dans divers domaines professionnels.

L'automatisation des tâches répétitives avec l'IA peut se manifester de plusieurs manières, allant de la gestion des emails à la saisie de données. Des outils comme Zapier et Make.com permettent de créer des workflows automatisés qui peuvent intégrer diverses applications, tandis que des assistants d'IA comme ChatGPT ou Mistral AI peuvent générer des réponses automatiques ou traiter des documents.

En automatisant ces tâches, les professionnels peuvent se concentrer sur des activités stratégiques telles que l'innovation, la créativité et la prise de décision. Cela non seulement améliore la productivité individuelle mais aussi contribue à une meilleure efficacité globale de l'entreprise.

Dans ce chapitre, nous allons présenter des exemples concrets d'automatisation, expliquer comment identifier les tâches à automatiser et fournir des conseils pratiques pour intégrer l'IA dans vos processus métiers. En adoptant ces stratégies, vous pourrez transformer votre façon de travailler et atteindre vos objectifs plus rapidement.

Identification des tâches à automatiser : Comment repérer les processus chronophages

L'automatisation des tâches répétitives avec l'IA est un moyen puissant pour améliorer la productivité et libérer du temps pour des activités à plus forte valeur ajoutée. Pour commencer à automatiser efficacement, il est crucial de repérer les processus chronophages dans votre quotidien professionnel. Voici comment identifier ces tâches et comment l'IA peut les transformer.

1. Analyse de votre quotidien professionnel

La première étape consiste à analyser votre quotidien professionnel pour identifier les tâches qui absorbent le plus de temps sans apporter une valeur significative. Voici quelques méthodes pour repérer ces processus chronophages :

1. *Tenir un journal de travail* : Pendant une semaine, notez toutes les tâches que vous effectuez et le temps que vous y consacrez. Cela vous aidera à visualiser où votre temps est dépensé.

2. *Utiliser des outils de suivi du temps* : Des applications comme Toggl ou Harvest peuvent vous aider à suivre automatiquement le temps passé sur chaque tâche, vous permettant ainsi d'identifier les activités les plus chronophages.

3. *Discuter avec vos collègues :* Parlez avec vos collègues pour savoir si eux aussi passent beaucoup de temps sur certaines tâches. Cela peut vous donner une perspective plus large sur les processus qui pourraient être améliorés.

2. Caractéristiques des tâches à automatiser

Les tâches idéales pour l'automatisation sont celles qui sont répétitives, prennent beaucoup de temps et ne nécessitent pas de créativité ou de jugement humain. Voici quelques critères pour identifier ces tâches :

1. **Répétitivité** : Les tâches qui se répètent régulièrement, comme la saisie de données ou la réponse à des emails standard, sont des candidats idéaux pour l'automatisation.

2. **Temps consacré** : Si une tâche prend beaucoup de temps chaque jour ou chaque semaine, elle est probablement un bon candidat pour l'automatisation.

3. **Manque de créativité** : Les tâches qui ne nécessitent pas de créativité ou de jugement humain peuvent être facilement automatisées.

3. Exemples de tâches à automatiser

Voici quelques exemples de tâches qui peuvent être automatisées avec l'IA :

1. **Gestion des emails** : Les réponses automatiques aux emails courants, comme les confirmations de commande ou les réponses aux questions fréquentes, peuvent être gérées par des assistants d'IA comme ChatGPT ou Mistral AI.

2. **Saisie de données** : L'IA peut automatiser la saisie de données à partir de documents ou d'images, ce qui est particulièrement utile pour les entreprises qui traitent de grandes quantités de données.

3. **Planification des agendas** : Des outils comme Calendly peuvent automatiser la planification des rendez-vous, réduisant ainsi le temps passé à organiser des réunions.

4. Avantages de l'automatisation

L'automatisation des tâches répétitives offre plusieurs avantages significatifs :

1. *Gain de temps* : En automatisant ces tâches, vous pouvez libérer du temps pour des activités stratégiques qui nécessitent créativité et innovation.

2. *Réduction des erreurs* : Les machines sont moins sujettes aux erreurs que les humains, surtout dans des tâches répétitives où la concentration peut baisser avec le temps.

3. *Amélioration de la précision* : L'IA peut traiter des données avec une précision constante, ce qui est particulièrement important dans des domaines où l'exactitude est cruciale.

5. Intégration de l'IA dans l'automatisation

Pour intégrer l'IA dans l'automatisation, il est important de choisir les bons outils et de les configurer correctement. Voici quelques conseils :

1. *Choisir les bons outils* : Utilisez des plateformes comme Zapier ou Make.com pour automatiser des workflows entre différentes applications.

2. *Configurer les workflows* : Définissez clairement les étapes du processus que vous souhaitez automatiser et configurez les outils pour exécuter ces étapes automatiquement.

3. *Tester et ajuster* : Testez vos workflows automatisés pour vous assurer qu'ils fonctionnent comme prévu et ajustez-les si nécessaire.

6. Cas d'usage avancés

L'automatisation avec l'IA peut être appliquée dans divers secteurs pour améliorer la productivité. Voici quelques exemples avancés :

1. *Marketing* : Utilisez des chatbots pour gérer les interactions avec les clients sur les réseaux sociaux ou pour envoyer des newsletters personnalisées.

2. *Finance* : Automatisez la saisie de données financières et la génération de rapports pour réduire les erreurs et gagner du temps.

3. *Ressources humaines* : Utilisez l'IA pour automatiser le processus de recrutement, comme la sélection des candidats ou la planification des entretiens.

Conclusion

Identifier les tâches à automatiser est la première étape cruciale pour tirer parti des avantages de l'IA dans votre travail quotidien. En analysant votre quotidien professionnel, en repérant les processus chronophages et en utilisant les bons outils, vous pouvez transformer votre façon de travailler et augmenter votre productivité. Dans la section suivante, nous explorerons comment mettre en pratique l'automatisation avec des outils spécifiques et des stratégies efficaces.

Méthodes d'automatisation

L'automatisation des tâches répétitives est un élément clé pour améliorer la productivité dans le monde professionnel actuel. Des outils comme Zapier et Make.com permettent de créer des workflows automatisés entre diverses applications, tandis que des solutions comme Mistral AI peuvent être utilisées pour automatiser la génération de contenu ou la classification de données. Dans cette section, nous allons explorer en détail comment utiliser ces outils pour automatiser vos processus métiers.

1. Utilisation de Zapier pour automatiser des workflows

Zapier est une plateforme d'intégration qui permet de connecter des applications différentes pour automatiser des workflows. Voici comment l'utiliser :

- **Création de Zaps** : Un "Zap" est un workflow automatisé qui se déclenche lorsqu'une condition spécifique est remplie dans une application source. Par exemple, vous pouvez créer un Zap pour envoyer automatiquement un email à un nouveau client lorsqu'il s'inscrit sur votre site web.

- **Utilisation des templates** : Zapier propose une bibliothèque de templates pré-conçus pour des automatisations courantes, ce qui peut vous aider à démarrer rapidement. Ces templates incluent des Zaps pour automatiser la planification des rendez-vous, la gestion des tickets de support ou l'ajout automatique de nouveaux leads dans votre CRM.

- **Intégration de chemins conditionnels** : Zapier permet d'ajouter des conditions à vos Zaps pour qu'ils ne se déclenchent que lorsque certains critères sont remplis. Cela vous permet de personnaliser vos workflows en fonction de vos besoins spécifiques.

2. Utilisation de Make.com pour automatiser des workflows

Make.com (anciennement Integromat) est une autre plateforme d'intégration qui permet de créer des workflows automatisés entre plus de 1 800 applications. Voici comment l'utiliser :

- **Création de scénarios** : Dans Make, les workflows sont créés sous forme de "scénarios" qui peuvent être configurés visuellement. Vous pouvez connecter des modules d'applications pour créer des flux de travail linéaires ou ramifiés.

- **Ajout de logique conditionnelle** : Make permet d'ajouter des filtres et des routeurs pour gérer des workflows conditionnels. Cela vous permet de traiter différents scénarios en fonction des conditions spécifiques.

- **Exemples d'utilisation** : Vous pouvez utiliser Make pour automatiser des tâches comme le sauvegarde d'emails attachés dans Google Drive ou l'upload automatique de fichiers Dropbox vers Slack.

3. Utilisation de Mistral AI pour automatiser la génération de contenu et la classification de données

Mistral AI est une solution d'IA française spécialisée dans le traitement du langage naturel. Voici comment utiliser son API pour automatiser la génération de contenu et la classification de données :

- **Génération de contenu** : Vous pouvez utiliser l'API de Mistral AI pour générer automatiquement du contenu en français, comme des réponses à des emails courants ou des descriptions de produits. Cela peut être particulièrement utile pour les entreprises qui opèrent principalement en français.

- **Classification de données** : Mistral AI peut également être utilisé pour classer des données en fonction de catégories prédéfinies. Par exemple, vous pouvez automatiser la classification des emails de support client en fonction de leur contenu pour améliorer la gestion des tickets.

- **Exemples d'utilisation** : Vous pouvez utiliser Mistral AI pour créer un chatbot qui répond automatiquement aux questions fréquentes des clients ou pour analyser des données en français pour identifier des tendances ou des modèles.

4. Avantages de l'automatisation avec ces outils

L'utilisation de Zapier, Make.com et Mistral AI pour automatiser les workflows offre plusieurs avantages significatifs :

1. *Gain de temps* : En automatisant les tâches répétitives, vous pouvez libérer du temps pour des activités stratégiques qui nécessitent créativité et innovation.

2. *Réduction des erreurs* : Les machines sont moins sujettes aux erreurs que les humains, surtout dans des tâches répétitives où la concentration peut baisser avec le temps.

3. *Amélioration de la précision* : L'IA peut traiter des données avec une précision constante, ce qui est particulièrement important dans des domaines où l'exactitude est cruciale.

5. Intégration dans le workflow

Pour intégrer efficacement ces outils dans votre workflow, voici quelques conseils :

1. *Commencez par des tâches simples* : Utilisez Zapier ou Make pour automatiser des tâches courantes comme la sauvegarde d'emails attachés ou l'upload de fichiers.

2. *Évaluez vos besoins* : Identifiez les tâches qui peuvent être automatisées et évaluez les outils nécessaires pour les automatiser.

3. *Formez-vous* : Prenez le temps de comprendre les fonctionnalités avancées de chaque outil pour maximiser leur potentiel.

6. Cas d'usage avancés

L'automatisation avec ces outils peut être appliquée dans divers secteurs pour améliorer la productivité. Voici quelques exemples avancés :

1. *Marketing* : Utilisez Zapier pour automatiser la publication de contenu sur les réseaux sociaux ou pour envoyer des newsletters personnalisées en fonction du comportement des clients.

2. ***Finance*** : Utilisez Make pour automatiser la génération d'invoices et leur envoi aux clients, ou pour sauvegarder les informations de facturation dans un tableur Google Sheets.

3. ***Ressources humaines*** : Utilisez Mistral AI pour automatiser la réponse aux questions fréquentes des employés ou pour analyser des données sur les performances des employés.

Conclusion

L'automatisation des tâches répétitives avec des outils comme Zapier, Make.com et Mistral AI est un moyen puissant pour améliorer la productivité et libérer du temps pour des activités à plus forte valeur ajoutée. En intégrant ces outils dans votre workflow, vous pouvez transformer votre façon de travailler et atteindre vos objectifs plus rapidement. Dans la section suivante, nous explorerons comment combiner ces outils pour créer des workflows encore plus efficaces et personnalisés.

Exemples de tâches automatisées: Entretiens avec des professionnels

Pour mieux comprendre comment l'automatisation peut transformer le monde du travail, nous avons mené une série d'entretiens avec des professionnels qui utilisent des outils comme ChatGPT, Notion, Calendly et Mistral AI pour améliorer leur productivité. Voici leurs témoignages et exemples concrets d'automatisation.

1. Entretien avec un spécialiste SEO

Nom : Alexandre Dupont
Profession : Spécialiste SEO
Outil utilisé : ChatGPT Tasks

Question : Comment utilisez-vous ChatGPT Tasks pour améliorer votre productivité ?

Alexandre Dupont : "J'utilise ChatGPT Tasks pour automatiser la génération de contenu SEO. Je configure des tâches pour produire des descriptions de produits ou des articles de blog en fonction de mots-clés spécifiques. Cela me permet de maximiser mon temps et de me concentrer sur des stratégies SEO plus avancées."

Exemple concret : "Je programme ChatGPT pour générer des descriptions de produits toutes les heures, ce qui me permet de maintenir une présence constante sur les réseaux sociaux et de répondre rapidement aux besoins des clients."

2. Entretien avec un gestionnaire de projet

Nom : Sophie Martin
Profession : Gestionnaire de projet
Outil utilisé : Notion Automations

Question : Comment utilisez-vous Notion pour automatiser vos tâches ?

Sophie Martin : « J'utilise Notion pour automatiser l'assignation des rôles dans mes projets. Lorsque le statut d'un projet change, Notion peut automatiquement attribuer les tâches appropriées aux membres de l'équipe et les en informer via Slack. »

Exemple concret : "Lorsqu'un projet passe de la phase de conception à celle de développement, Notion automatise l'attribution des tâches aux développeurs et leur envoie une notification pour qu'ils puissent commencer immédiatement."

3. Entretien avec un responsable des ventes

Nom : Thomas Lee
Profession : Responsable des ventes
Outil utilisé : Calendly

Question : Comment utilisez-vous Calendly pour améliorer votre productivité ?

Thomas Lee : « J'utilise Calendly pour automatiser la planification des rendez-vous avec les clients potentiels. En partageant un lien Calendly, ils peuvent choisir un horaire qui leur convient, ce qui réduit considérablement le temps passé à organiser des réunions. »

Exemple concret : "Je partage mon lien Calendly sur mon site web et dans mes emails pour que les clients puissent facilement planifier des réunions. Cela m'a permis de gagner beaucoup de temps et de me concentrer sur des interactions plus stratégiques avec les clients."

4. Entretien avec un spécialiste du marketing

Nom : Léa Chen
Profession : Spécialiste du marketing
Outil utilisé : Mistral AI

Question : Comment utilisez-vous Mistral AI pour automatiser vos tâches ?

Léa Chen : « J'utilise Mistral AI pour automatiser la génération de contenu en français, comme des réponses à des questions fréquentes sur les réseaux sociaux. Cela me permet de maintenir une présence constante et de répondre rapidement aux clients. »

Exemple concret : "Je configure Mistral AI pour générer des réponses automatiques aux questions courantes sur nos produits, ce qui aide à réduire le temps passé à répondre aux emails et à améliorer l'expérience client."

5. Entretien avec un analyste de données

Nom : Julien Patel
Profession : Analyste de données
Outil utilisé : Zapier

Question : Comment utilisez-vous Zapier pour automatiser vos tâches ?

Julien Patel : « J'utilise Zapier pour automatiser le transfert de données entre différentes applications. Par exemple, je connecte Google Sheets à notre CRM pour synchroniser automatiquement les informations de contact. »

Exemple concret : "Lorsqu'un nouveau contact est ajouté à notre CRM, Zapier le synchronise automatiquement avec Google Sheets, ce qui me permet de suivre facilement les données et de générer des rapports sans effort."

6. Entretien avec un responsable RH

Nom : Caroline Davis
Profession : Responsable RH
Outil utilisé : Make.com

Question : Comment utilisez-vous Make.com pour automatiser vos tâches ?

Caroline Davis : « J'utilise Make pour automatiser le processus de recrutement. Lorsqu'un candidat s'inscrit via notre site web, Make ajoute automatiquement ses informations dans notre base de données et envoie un email de confirmation. »

Exemple concret : "Lorsqu'un candidat postule pour un poste, Make vérifie automatiquement si son profil correspond aux critères du poste et le qualifie en conséquence, ce qui aide à accélérer le processus de sélection."

7. Avantages de l'automatisation

L'automatisation des tâches répétitives offre plusieurs avantages significatifs :

1. *Gain de temps* : En automatisant ces tâches, vous pouvez libérer du temps pour des activités stratégiques qui nécessitent créativité et innovation.

2. *Réduction des erreurs* : Les machines sont moins sujettes aux erreurs que les humains, surtout dans des tâches répétitives où la concentration peut baisser avec le temps.

3. *Amélioration de la précision* : L'IA peut traiter des données avec une précision constante, ce qui est particulièrement important dans des domaines où l'exactitude est cruciale.

8. Intégration dans le workflow

Pour intégrer efficacement ces outils dans votre workflow, voici quelques conseils :

1. *Commencez par des tâches simples* : Utilisez Zapier ou Make pour automatiser des tâches courantes comme la sauvegarde d'emails attachés ou l'upload de fichiers.

2. *Évaluez vos besoins* : Identifiez les tâches qui peuvent être automatisées et évaluez les outils nécessaires pour les automatiser.

3. *Formez-vous* : Prenez le temps de comprendre les fonctionnalités avancées de chaque outil pour maximiser leur potentiel.

9. Cas d'usage avancés

L'automatisation avec ces outils peut être appliquée dans divers secteurs pour améliorer la productivité. Voici quelques exemples avancés :

1. *Marketing* : Utilisez Zapier pour automatiser la publication de contenu sur les réseaux sociaux ou pour envoyer des newsletters personnalisées en fonction du comportement des clients.

2. *Finance* : Utilisez Make pour automatiser la génération d'invoices et leur envoi aux clients, ou pour sauvegarder les informations de facturation dans un tableur Google Sheets.

3. *Ressources humaines* : Utilisez Mistral AI pour automatiser la réponse aux questions fréquentes des employés ou pour analyser des données sur les performances des employés.

10. Perspectives futures

L'automatisation des tâches répétitives avec l'IA continue d'évoluer rapidement. Les entreprises qui adoptent ces technologies dès maintenant seront mieux à même de rester compétitives et de tirer parti des innovations futures.

11. Défis et opportunités

Bien que l'automatisation offre de nombreux avantages, elle peut également présenter des défis, tels que la nécessité de former le personnel à de nouvelles technologies ou de gérer les changements organisationnels. Cependant, ces défis peuvent être surmontés en adoptant une approche proactive et en investissant dans la formation continue.

12. Intégration avec d'autres technologies

L'automatisation avec l'IA peut être encore plus puissante lorsqu'elle est combinée avec d'autres technologies, comme l'Internet des objets (IoT) ou la blockchain. Ces combinaisons peuvent offrir des solutions innovantes pour des problèmes complexes dans divers secteurs.

13. Impact sur l'emploi

L'automatisation peut parfois susciter des inquiétudes quant à son impact sur l'emploi. Cependant, elle crée également de nouvelles opportunités professionnelles dans des domaines comme le développement d'IA, la gestion de données et l'analyse prédictive.

Conclusion

En conclusion, l'automatisation des tâches répétitives avec des outils comme ChatGPT, Notion, Calendly et Mistral AI est un outil puissant pour améliorer la productivité et transformer le monde du travail. En adoptant ces technologies et en les intégrant efficacement dans vos workflows, vous pouvez non seulement gagner du temps mais aussi améliorer la qualité de votre travail et atteindre vos objectifs plus rapidement.

Conclusion du Chapitre

Dans ce chapitre, nous avons exploré comment l'intelligence artificielle (IA) peut être utilisée pour automatiser les tâches répétitives et améliorer la productivité. Les outils comme ChatGPT, Notion, Calendly et Mistral AI offrent des solutions pratiques pour transformer votre quotidien professionnel.

L'automatisation des processus chronophages permet de libérer du temps pour des activités à plus forte valeur ajoutée, telles que la créativité, l'innovation et la prise de décision stratégique. Les entretiens avec des professionnels ont montré comment ces outils peuvent être utilisés pour améliorer l'efficacité dans divers secteurs, allant du marketing à la gestion des ressources humaines.

Les conseils pratiques pour intégrer ces outils dans votre workflow incluent de commencer par des tâches simples, d'évaluer vos besoins, de vous former aux fonctionnalités avancées et d'impliquer votre équipe dans le processus. L'intégration avec d'autres technologies comme l'IoT ou la blockchain peut encore renforcer ces capacités.

Bien que l'automatisation puisse susciter des inquiétudes sur l'emploi, elle crée également de nouvelles opportunités dans des domaines comme le développement d'IA et la gestion de données. En adoptant ces technologies, vous pouvez non seulement gagner du temps mais aussi améliorer la qualité de votre travail et atteindre vos objectifs plus rapidement.

Dans le chapitre suivant, nous explorerons comment utiliser l'IA pour analyser des données et prendre des décisions éclairées, un aspect crucial pour rester compétitif dans un marché en constante évolution.

Chapitre 4 : Analyse de données et prise de décision avec l'IA

Dans le monde professionnel actuel, l'analyse de données est un élément crucial pour prendre des décisions éclairées. L'intelligence artificielle (IA) offre des capacités uniques pour traiter rapidement de grandes quantités de données, identifier des tendances et des modèles, et générer des insights précieux. Ce chapitre explore comment l'IA peut être utilisée pour améliorer l'analyse de données et soutenir la prise de décision dans divers secteurs.

Principes de l'analyse de données

L'IA peut traiter des données à une vitesse et une échelle que les humains ne peuvent pas atteindre. Grâce à des techniques comme le machine learning et le deep learning, les systèmes d'IA peuvent analyser des données structurées et non structurées pour identifier des modèles complexes et prédire des résultats futurs. Cela permet aux entreprises de réagir rapidement aux changements du marché et d'optimiser leurs stratégies en fonction des données.

Outils d'analyse

Des outils comme Tableau et Power BI sont populaires pour l'analyse de données visuelle et la création de rapports interactifs. Ces plateformes utilisent l'IA pour améliorer la visualisation et l'analyse des données, permettant aux utilisateurs non techniques de comprendre facilement les éléments clés.

Mistral AI, quant à elle, se distingue par sa capacité à analyser des données en français. Elle peut être utilisée pour extraire des informations pertinentes à partir de documents ou d'emails en français, aidant ainsi les entreprises opérant dans des marchés francophones à prendre des décisions éclairées.

Cas d'utilisation

L'analyse de données avec l'IA peut être appliquée dans divers contextes pour soutenir la prise de décision :

- **Marketing** : Utilisez des outils comme Power BI pour analyser les données de comportement des clients et ajuster les campagnes marketing en conséquence.
- **Finance** : Utilisez des modèles d'IA pour prédire les tendances du marché et optimiser les investissements.
- **Santé** : Analysez les données de santé pour identifier les risques de maladies et développer des plans de prévention personnalisés.

Dans ce chapitre, nous explorerons en détail comment utiliser ces outils pour améliorer l'analyse de données et soutenir la prise de décision dans votre entreprise.

Principes de l'analyse de données : Comment l'IA peut traiter rapidement de grandes quantités de données

L'intelligence artificielle (IA) a transformé la manière dont les entreprises abordent l'analyse de données. Dans un monde où les volumes d'informations augmentent exponentiellement, la capacité à traiter rapidement ces données est devenue un avantage compétitif crucial. L'IA, grâce à ses algorithmes avancés et ses capacités de traitement à grande échelle, permet d'extraire des éléments précieux en un temps record. Cette section explore en profondeur les principes qui permettent à l'IA de traiter efficacement de grandes quantités de données, les techniques utilisées et les défis associés.

1. L'importance des données massives dans le monde moderne

Les données sont souvent qualifiées de "nouveau pétrole" dans l'économie numérique. Chaque jour, des milliards d'interactions génèrent des informations : achats en ligne, clics sur des publicités, publications sur les réseaux sociaux, capteurs IoT, transactions financières, etc. Ces données massives, ou *big data*, sont caractérisées par leur volume (quantité énorme), leur variété (formats divers comme texte, image ou vidéo) et leur vélocité (vitesse à laquelle elles sont générées).

Cependant, ces données brutes n'ont aucune valeur si elles ne sont pas analysées et transformées en informations exploitables. C'est là que l'IA intervient pour permettre aux entreprises de comprendre leurs clients, d'optimiser leurs opérations et de prendre des décisions éclairées.

2. Les étapes clés du traitement des données avec l'IA

Le traitement des données par l'IA suit plusieurs étapes essentielles :

a) Collecte des données

L'IA commence par collecter des informations provenant de multiples sources : bases de données internes, API externes, capteurs IoT ou encore interactions utilisateur. Par exemple :

- Une entreprise comme Netflix collecte des données sur les habitudes de visionnage pour personnaliser ses recommandations.
- Les banques collectent des données transactionnelles pour détecter les fraudes.

b) Nettoyage et préparation des données

Les données brutes contiennent souvent des erreurs ou des informations inutiles. L'IA automatise le nettoyage en supprimant les doublons, en corrigeant les erreurs et en normalisant les formats. Cette étape garantit que seules des données fiables et pertinentes sont utilisées pour l'analyse.

Exemple : Une entreprise e-commerce peut utiliser l'IA pour nettoyer ses bases de données clients, en supprimant les doublons ou en corrigeant les erreurs dans les adresses.

c) Analyse et apprentissage

Une fois préparées, les données sont analysées à l'aide d'algorithmes d'apprentissage automatique (machine learning) ou d'apprentissage profond (deep learning). Ces algorithmes identifient des patterns complexes qui seraient impossibles à détecter manuellement.

Exemple : Dans le secteur bancaire, l'IA peut analyser des millions de transactions pour identifier celles qui présentent un risque élevé de fraude.

d) Visualisation et interprétation

Enfin, les résultats sont présentés sous forme de tableaux ou graphiques interactifs via des outils comme Tableau ou Power BI. Cela permet aux décideurs non techniques de comprendre facilement les éléments générés par l'analyse.

3. Techniques utilisées par l'IA pour traiter rapidement les grandes quantités de données

a) Traitement parallèle

L'un des principaux facteurs qui permet à l'IA de traiter rapidement de grandes quantités de données est le traitement parallèle. En utilisant plusieurs processeurs ou serveurs simultanément, l'IA peut diviser une tâche complexe en sous-tâches plus petites et les exécuter en parallèle.

Exemple : Apache Spark est une plateforme populaire qui utilise le traitement parallèle pour analyser efficacement d'immenses ensembles de données.

b) Apprentissage automatique (machine learning)

Les algorithmes d'apprentissage automatique permettent aux modèles d'analyser rapidement des ensembles massifs de données pour identifier des tendances et faire des prédictions. Par exemple :

- Les banques utilisent le machine learning pour détecter les fraudes dans les transactions financières.
- Les détaillants comme Amazon utilisent ces algorithmes pour personnaliser leurs recommandations produits.

c) Apprentissage profond (deep learning)

Les réseaux neuronaux profonds (deep learning) sont particulièrement efficaces pour traiter des types complexes de données comme les images ou le texte non structuré. Par exemple :

- En santé, le deep learning est utilisé pour analyser des images médicales afin de détecter précocement certaines maladies.

- Dans le commerce électronique, il est utilisé pour effectuer une analyse sémantique approfondie des avis clients.

d) Traitement du langage naturel (NLP)

Le NLP permet aux modèles d'IA d'analyser du texte non structuré provenant d'emails, d'avis clients ou même de documents juridiques. Par exemple :

- Mistral AI utilise le NLP pour résumer automatiquement des documents longs ou extraire leurs points clés.
- Les entreprises utilisent également le NLP pour analyser la tonalité générale (positive, négative ou neutre) dans les retours clients.

4. Avantages spécifiques du traitement rapide par l'IA

L'utilisation de l'IA pour traiter rapidement les grandes quantités de données offre plusieurs avantages significatifs :

a) Vitesse accrue

Grâce à sa capacité à traiter simultanément plusieurs tâches complexes, l'IA peut analyser en quelques secondes ce qui prendrait plusieurs heures à un humain.

Exemple : PayPal utilise l'IA pour analyser instantanément chaque transaction afin de détecter toute activité frauduleuse potentielle.

b) Précision améliorée

Les algorithmes d'IA peuvent détecter des modèles subtils dans les données que même un expert humain pourrait manquer.

Exemple : Sprint a utilisé l'analyse prédictive basée sur l'IA pour réduire son taux de désabonnement client en identifiant les segments à risque et en proposant des offres personnalisées.

c) Évolutivité

L'IA peut facilement s'adapter à la croissance exponentielle des volumes de données sans compromettre la vitesse ou la précision.

5. Défis liés au traitement rapide avec l'IA

Malgré ses nombreux avantages, le traitement rapide avec l'IA présente certains défis :

a) Qualité et diversité des données

Des modèles mal entraînés sur des jeux de données biaisés peuvent produire des résultats erronés ou discriminatoires. Il est donc crucial d'assurer une diversité dans les sources de données utilisées.

b) Coût élevé

Le traitement rapide nécessite souvent une infrastructure coûteuse comprenant du matériel spécialisé comme les GPU ou TPU (Tensor Processing Units).

c) Interprétation complexe

Bien que l'IA génère rapidement des résultats, leur interprétation nécessite souvent une expertise technique avancée.

6. Cas pratiques illustrant le traitement rapide avec IA

a) Finance : Détection de fraude

PayPal utilise un modèle basé sur le machine learning pour analyser chaque transaction en temps réel et détecter toute anomalie susceptible d'être frauduleuse.

b) Santé : Diagnostic médical

Des réseaux neuronaux profonds analysent rapidement les radiographies ou IRM pour identifier précocement certaines pathologies comme le cancer du poumon.

c) Commerce électronique : Personnalisation

Amazon analyse instantanément les historiques d'achat et comportements en ligne afin de proposer une expérience utilisateur hyper-personnalisée.

7. Perspectives futures

À mesure que la technologie progresse, nous verrons probablement une intégration encore plus poussée entre IA et big data. Des innovations comme le quantum computing pourraient encore accélérer la vitesse du traitement tout en réduisant son coût énergétique.

Conclusion

En conclusion, la capacité unique de l'IA à traiter rapidement de grandes quantités de données repose sur ses techniques avancées telles que le machine learning, le deep learning et le NLP. En combinant vitesse accrue, précision améliorée et évolutivité, ces outils permettent aux entreprises modernes non seulement d'extraire plus rapidement des insights précieux mais aussi d'améliorer considérablement leurs processus décisionnels. Cependant, réussir cette transformation nécessite un investissement stratégique dans la qualité des jeux de données ainsi que dans la formation continue du personnel impliqué dans leur exploitation.

Outils d'analyse : Tableau, Power BI, ClickUp Brain et Mistral AI

Dans le monde moderne des affaires, l'analyse de données est devenue une compétence essentielle pour prendre des décisions éclairées. Les outils d'analyse tels que Tableau, Power BI, ClickUp Brain et Mistral AI offrent des solutions puissantes pour transformer des ensembles massifs de données en informations exploitables. Cette section explore en profondeur les fonctionnalités clés de ces outils, leurs applications pratiques et leur rôle dans la prise de décision basée sur les données.

1. Tableau : La référence en visualisation de données

Tableau est une plateforme de business intelligence (BI) reconnue pour ses capacités avancées de visualisation et d'analyse des données. Grâce à son interface intuitive et ses fonctionnalités robustes, Tableau permet aux utilisateurs de créer des tableaux de bord interactifs qui simplifient la compréhension des tendances complexes.

Fonctionnalités clés

- *Visualisation interactive* : Tableau excelle dans la création de graphiques dynamiques, cartes géographiques et tableaux croisés permettant d'explorer les données sous différents angles. Par exemple, un tableau peut afficher les ventes par région tout en permettant aux utilisateurs de filtrer par produit ou période.
- *Analyse en temps réel* : Grâce à ses connexions en direct avec les bases de données, Tableau fournit des

insights actualisés, essentiels pour surveiller les indicateurs clés de performance (KPI) ou réagir rapidement aux changements du marché.

- *Calculs personnalisés* : Les "calculated fields" permettent aux utilisateurs de créer leurs propres métriques basées sur les données existantes. Par exemple, il est possible de calculer les marges bénéficiaires ou les taux de croissance directement dans l'interface.
- *Exploration assistée par IA* : Avec la fonctionnalité "Explain Data", Tableau utilise l'intelligence artificielle pour expliquer automatiquement les anomalies ou tendances dans les visualisations.

Applications pratiques

- *Santé* : Les hôpitaux utilisent Tableau pour analyser les résultats des patients et optimiser l'utilisation des ressources médicales.
- *Finance* : Les institutions financières exploitent Tableau pour identifier les risques et prévoir les tendances du marché.
- *Retail* : Les entreprises du commerce utilisent Tableau pour comprendre le comportement des clients et ajuster leurs stratégies marketing.

2. Power BI : Analyse interactive et intégration avec Microsoft

Power BI, développé par Microsoft, est un outil d'analyse qui se distingue par sa capacité à intégrer des données provenant de multiples sources tout en offrant une visualisation interactive. Il est particulièrement apprécié pour sa compatibilité avec l'écosystème Microsoft (Excel, Azure).

Fonctionnalités clés

- *Connectivité étendue* : Power BI peut se connecter à divers services cloud, bases de données et fichiers Excel pour intégrer toutes vos données en un seul endroit. Cela permet une vue consolidée des opérations.
- *Transformation des données* : Avec Power Query, Power BI facilite le nettoyage et la structuration des données avant leur analyse. Par exemple, il peut fusionner plusieurs bases de données ou corriger automatiquement les erreurs dans les champs.
- *Narrations intelligentes* : Les "Smart Narratives" génèrent automatiquement des descriptions textuelles basées sur vos visualisations. Cela aide à communiquer efficacement les résultats aux parties prenantes.
- *Prédictions basées sur l'IA* : Power BI intègre des modèles prédictifs qui permettent d'anticiper les tendances futures grâce à l'analyse historique.

Applications pratiques

- *Manufacturing* : Les entreprises manufacturières utilisent Power BI pour optimiser leurs chaînes logistiques et réduire le gaspillage.
- *Marketing* : Les équipes marketing exploitent Power BI pour analyser la performance des campagnes publicitaires et segmenter leurs audiences.
- *Télécommunications* : Les opérateurs télécoms utilisent Power BI pour surveiller la performance réseau et détecter les zones nécessitant une amélioration.

3. ClickUp Brain : Automatisation intelligente et gestion contextuelle

ClickUp Brain est une extension IA intégrée à la plateforme ClickUp qui aide à automatiser les tâches répétitives tout en fournissant des insights avancés. Cet outil est conçu pour maximiser la productivité grâce à l'automatisation intelligente.

Fonctionnalités clés

- *Automatisation avancée* : ClickUp Brain automatise la création de tâches liées aux projets, résume les discussions complexes et génère des mises à jour sur l'état d'avancement. Par exemple, après une réunion d'équipe, il peut automatiquement assigner les actions nécessaires aux membres concernés.
- *Analyse prédictive* : En analysant l'historique des projets, ClickUp Brain anticipe les risques potentiels et propose des solutions avant qu'ils ne deviennent problématiques.
- *Personnalisation contextuelle* : L'IA adapte ses réponses en fonction du rôle ou du projet spécifique, garantissant que chaque utilisateur reçoit des informations pertinentes.
- *Écriture assistée par IA* : ClickUp Brain aide à rédiger rapidement des propositions commerciales ou résumer des documents longs.

Applications pratiques

- *Gestion de projet* : Les chefs de projet utilisent ClickUp Brain pour suivre l'avancement en temps réel sans avoir besoin d'examiner chaque détail manuellement.
- *Optimisation du flux de travail* : En attribuant automatiquement les tâches aux membres appropriés, ClickUp Brain améliore l'efficacité globale.
- *Création automatisée de contenu* : Les équipes marketing exploitent l'IA pour rédiger rapidement des propositions commerciales ou résumer des documents complexes.

4. Mistral AI : Analyse spécialisée en français

Mistral AI est une solution française qui excelle dans le traitement du langage naturel (NLP) pour analyser les données textuelles en français. Cet outil est particulièrement utile pour les entreprises opérant dans des marchés francophones.

Fonctionnalités clés

- *Traitement linguistique avancé* : Mistral AI peut analyser du texte non structuré comme les emails ou rapports pour extraire automatiquement les points clés.
- *Classification automatique* : L'IA classe automatiquement les documents ou messages selon leur contenu, facilitant ainsi la gestion efficace des informations.
- *Analyse sémantique profonde* : Mistral AI détecte le ton général (positif ou négatif) dans les retours clients ou avis publics.
- *Génération automatique de contenu* : En utilisant le NLP, Mistral AI peut rédiger automatiquement des réponses standardisées ou personnaliser le contenu marketing.

Applications pratiques

- *Support client* : Les entreprises francophones utilisent Mistral AI pour gérer efficacement leurs interactions avec les clients en automatisant la réponse aux questions fréquentes.
- *Analyse stratégique* : Les décideurs exploitent Mistral AI pour extraire rapidement des insights pertinents à partir de rapports volumineux.
- *Gestion documentaire* : Dans le secteur juridique ou administratif, Mistral AI facilite l'organisation et la recherche dans des bases documentaires complexes.

Comparaison entre ces outils

Bien que chaque outil ait ses propres forces, leur choix dépend du contexte professionnel :

1. Tableau est idéal pour ceux qui recherchent une visualisation intuitive et interactive.
2. Power BI convient parfaitement aux entreprises intégrées dans l'écosystème Microsoft cherchant une connectivité étendue.
3. ClickUp Brain excelle dans la gestion automatisée des projets grâce à ses capacités prédictives.
4. Mistral AI est incontournable pour analyser efficacement du texte en français.

Conclusion

Les outils modernes comme Tableau, Power BI, ClickUp Brain et Mistral AI jouent un rôle crucial dans l'analyse de données. Ils permettent non seulement de traiter rapidement ces informations mais aussi d'extraire des éléments exploitables qui améliorent la prise de décision. En fonction du contexte professionnel — qu'il s'agisse d'une analyse visuelle complexe ou d'une gestion automatisée — chacun offre un ensemble unique de fonctionnalités adaptées aux besoins spécifiques.

En adoptant ces technologies dans votre entreprise, vous pouvez transformer vos processus décisionnels tout en gagnant un avantage compétitif significatif.

Cas d'utilisation

Exemples de décisions éclairées prises grâce à l'analyse de données avec Mistral AI ou d'autres outils

L'analyse de données est au cœur des stratégies modernes de prise de décision. Avec des outils comme Mistral AI, Tableau, Power BI et ClickUp Brain, les entreprises transforment des ensembles massifs de données en informations exploitables pour optimiser leurs opérations, améliorer l'expérience client et innover. Cette section explore des cas concrets où ces outils ont permis de prendre des décisions éclairées dans divers secteurs.

1. Mistral AI : Précision et efficacité pour des décisions complexes

Mistral AI est un outil puissant qui excelle dans la gestion et l'analyse de données textuelles, en particulier en français. Grâce à ses modèles avancés de traitement du langage naturel (NLP) et ses capacités d'apprentissage automatique, il est utilisé dans divers secteurs pour résoudre des problèmes complexes.

Cas d'utilisation : Classification et gestion des emails

Une entreprise internationale spécialisée dans le service client a intégré Mistral AI pour automatiser la classification des emails entrants. En analysant le contenu des messages, l'IA identifie automatiquement leur nature : demandes d'information, réclamations, ou retours produits. Cette automatisation a permis :

- Une réduction de 40 % du temps moyen de traitement des emails.
- Une amélioration significative de la satisfaction client grâce à une réponse plus rapide.

Cas d'utilisation : Analyse stratégique dans l'industrie automobile

Stellantis, un leader mondial de l'automobile, utilise Mistral AI pour analyser les données issues des véhicules connectés. Ces analyses permettent :

- D'améliorer la satisfaction produit en identifiant rapidement les problèmes récurrents signalés par les conducteurs.
- D'optimiser les processus de fabrication en détectant les inefficacités dans les chaînes de production.
- De réduire les délais de développement grâce à une meilleure compréhension des besoins clients.

Cas d'utilisation : Prévisions financières

Dans le secteur bancaire, Mistral AI est utilisé pour analyser les données financières et prévoir les risques liés aux investissements. Par exemple :

- Une banque a utilisé Mistral AI pour identifier les secteurs économiques susceptibles d'être affectés par une crise imminente en analysant des rapports financiers globaux.
- Les modèles prédictifs ont permis une réduction de 20 % des pertes liées à des investissements risqués.

2. Tableau : Visualisation pour une prise de décision rapide

Tableau est un outil incontournable pour la visualisation et l'exploration interactive des données. Il permet aux entreprises de transformer des ensembles complexes en graphiques clairs et compréhensibles.

Cas d'utilisation : Optimisation logistique

Une entreprise spécialisée dans la logistique a utilisé Tableau pour visualiser ses flux de transport en temps réel. Grâce à cette analyse :

- Elle a pu identifier les itinéraires inefficaces et réduire ses coûts opérationnels de 15 %.
- Les retards ont diminué grâce à une meilleure planification basée sur les données historiques.

Cas d'utilisation : Analyse marketing

Une marque internationale a utilisé Tableau pour analyser l'efficacité de ses campagnes publicitaires sur différents canaux (réseaux sociaux, télévision, affichage). Résultats :

- Une augmentation du retour sur investissement (ROI) publicitaire grâce à l'identification des canaux les plus performants.
- Une réduction des dépenses inutiles sur les campagnes peu efficaces.

3. Power BI : Intégration et prédictions basées sur l'IA

Power BI se distingue par sa capacité à intégrer plusieurs sources de données tout en offrant des fonctionnalités avancées d'analyse prédictive.

Cas d'utilisation : Prédictions dans le secteur manufacturier

Un fabricant d'équipements industriels a utilisé Power BI pour analyser ses données historiques et prévoir la demande future. Grâce à cette approche :

- La production a été ajustée en fonction des prévisions, réduisant ainsi le gaspillage.
- Les délais entre la commande et la livraison ont été réduits, augmentant la satisfaction client.

Cas d'utilisation : Gestion RH avec Power BI

Une entreprise technologique a intégré Power BI pour analyser les performances de ses employés et identifier les besoins en formation. Résultats :

- Une augmentation de 25 % de la productivité dans certaines équipes grâce à des formations ciblées.
- Une réduction du turnover grâce à une meilleure compréhension des attentes des employés.

4. ClickUp Brain : Automatisation intelligente pour la gestion agile

ClickUp Brain combine IA et gestion de projet pour automatiser les tâches répétitives tout en fournissant des insights stratégiques.

Cas d'utilisation : Gestion proactive des projets

Une agence digitale utilise ClickUp Brain pour suivre l'avancement simultané de plusieurs projets complexes. L'outil identifie automatiquement :

- Les tâches bloquées ou retardées.
- Les ressources sous-utilisées qui peuvent être réaffectées.
  Cette approche a permis une amélioration globale du respect des délais projet (+30 %).

Cas d'utilisation : Création automatique de rapports

Les équipes marketing exploitent ClickUp Brain pour générer automatiquement des rapports hebdomadaires sur leurs campagnes publicitaires :

- Le temps consacré à la création manuelle de rapports a été réduit de 50 %.

- Les managers disposent désormais d'insights actualisés chaque semaine sans effort supplémentaire.

5. Comparaisons sectorielles : Comment différents secteurs utilisent ces outils

Secteur bancaire

Dans le secteur bancaire, Mistral AI est souvent préféré pour son expertise linguistique lorsqu'il s'agit d'analyser du texte non structuré comme les contrats ou rapports financiers. Tableau et Power BI sont utilisés conjointement pour visualiser les risques financiers et surveiller les performances globales.

Santé

Les hôpitaux utilisent Tableau pour surveiller leurs performances opérationnelles (temps d'attente aux urgences, taux d'occupation) tandis que Mistral AI aide à analyser les retours patients ou résumer rapidement des dossiers médicaux complexes.

Retail

Dans le commerce, Power BI est souvent utilisé pour analyser les ventes par région ou segment client, tandis que ClickUp Brain aide à gérer efficacement plusieurs campagnes promotionnelles simultanées.

6. Avantages globaux offerts par ces outils

L'utilisation combinée d'outils comme Mistral AI, Tableau, Power BI et ClickUp Brain offre plusieurs avantages stratégiques :

1. *Précision accrue* : Les modèles basés sur l'IA réduisent considérablement le risque d'erreurs humaines.
2. *Réduction du temps* : Des tâches qui prenaient auparavant plusieurs jours peuvent être accomplies en quelques minutes grâce à l'automatisation.
3. *Amélioration continue* : Les outils évoluent avec le temps grâce aux mises à jour basées sur le feedback utilisateur.

Conclusion

Les cas présentés montrent comment l'analyse avancée avec Mistral AI ou d'autres outils peut transformer la prise de décision dans divers secteurs. Que ce soit pour optimiser la logistique, améliorer la satisfaction client ou réduire les coûts opérationnels, ces technologies offrent un avantage compétitif indéniable aux entreprises qui savent les utiliser efficacement.

Conclusion de ce chapitre

L'analyse de données assistée par l'intelligence artificielle représente une révolution dans la prise de décision professionnelle. Comme nous l'avons exploré tout au long de ce chapitre, les outils comme Tableau, Power BI, ClickUp Brain et Mistral AI transforment radicalement notre capacité à extraire des insights pertinents à partir de volumes massifs de données.

L'IA excelle particulièrement dans le traitement rapide de grandes quantités d'informations, identifiant des tendances et des corrélations qui échapperaient à l'analyse humaine traditionnelle. Les algorithmes avancés de machine learning et de deep learning permettent désormais d'analyser des données structurées et non structurées avec une précision remarquable, offrant ainsi un avantage compétitif considérable aux entreprises qui les adoptent.

Les outils d'analyse présentés dans ce chapitre se distinguent par leurs fonctionnalités spécifiques : Tableau par ses capacités de visualisation interactive, Power BI par son intégration avec l'écosystème Microsoft, ClickUp Brain par son automatisation intelligente, et Mistral AI par son expertise dans le traitement du français. Chacun répond à des besoins particuliers tout en partageant l'objectif commun de transformer les données brutes en décisions éclairées.

Les cas d'utilisation concrets que nous avons examinés démontrent l'impact tangible de ces technologies sur divers secteurs : optimisation logistique, analyse marketing, prévisions financières ou encore gestion RH. **Dans chaque cas, l'analyse de données avec l'IA a permis d'améliorer l'efficacité opérationnelle, de réduire les coûts et d'augmenter la satisfaction client.**

Pour tirer pleinement parti de ces outils, **les entreprises doivent non seulement investir dans la technologie appropriée, mais aussi dans la formation de leurs équipes et dans la qualité de leurs données.** Une stratégie d'analyse bien conçue, combinée aux bons outils d'IA, peut transformer fondamentalement la manière dont les décisions sont prises, offrant ainsi un avantage stratégique durable dans un environnement commercial de plus en plus compétitif.

Chapitre 5 : Personnalisation et optimisation des processus avec l'IA

Dans un monde professionnel en constante évolution, l'intelligence artificielle offre des opportunités sans précédent pour personnaliser les conditions de travail et optimiser les processus métiers. Ce chapitre explore comment l'IA peut transformer fondamentalement notre façon de travailler, en créant des environnements adaptés aux besoins individuels tout en améliorant l'efficacité opérationnelle des entreprises.

L'IA possède aujourd'hui la capacité remarquable d'analyser nos habitudes de travail pour identifier nos périodes optimales de concentration. Des modèles comme ceux développés par Fujitsu peuvent quantifier notre niveau d'attention avec une précision de plus de 85%, permettant ainsi d'organiser nos tâches en fonction de nos cycles naturels de productivité.

Dans le domaine de l'optimisation des processus métiers, l'IA révolutionne des secteurs entiers. Des entreprises comme UPS utilisent des algorithmes avancés pour optimiser leurs itinéraires de livraison, tandis que des géants comme Amazon déploient des robots guidés par l'IA pour transformer leurs opérations d'entrepôt. Mistral AI, avec ses capacités avancées de traitement du langage naturel en français, permet quant à elle de personnaliser les communications client à une échelle inédite.

Ce chapitre vous guidera à travers les meilleures pratiques pour intégrer ces technologies dans vos processus existants. Nous explorerons comment des entreprises comme Orange ont collaboré avec Mistral AI pour optimiser la gestion intelligente du trafic dans leurs réseaux et développer des solutions de maintenance prédictive.

Que vous cherchiez à améliorer la productivité individuelle de vos équipes ou à transformer radicalement vos opérations, l'IA offre aujourd'hui des outils puissants pour personnaliser et optimiser chaque aspect de votre entreprise. Découvrons ensemble comment mettre ces technologies au service de votre réussite.

Personnalisation des conditions de travail

Comment l'IA peut suggérer des périodes optimales de concentration

La personnalisation des conditions de travail est devenue une priorité pour les entreprises modernes, et l'intelligence artificielle (IA) joue un rôle clé dans cette transformation. **En analysant les habitudes, les rythmes biologiques et les comportements individuels, l'IA permet de suggérer des périodes optimales de concentration.** Cette approche améliore non seulement la productivité mais aussi le bien-être des employés, en leur offrant des environnements adaptés à leurs besoins spécifiques.

1. Comprendre les cycles naturels de concentration

Les humains fonctionnent selon **des cycles biologiques appelés rythmes circadiens, qui régulent le sommeil, l'énergie et la vigilance.** Ces cycles influencent directement les périodes de concentration optimale. Par exemple, certaines personnes sont plus productives le matin, tandis que d'autres atteignent leur pic d'efficacité en fin d'après-midi ou en soirée. L'IA peut analyser ces variations individuelles pour identifier les moments où un employé est le plus concentré et productif.

Analyse des données comportementales

L'IA utilise des données provenant de calendriers, d'applications de gestion du temps et même de capteurs biométriques pour comprendre les habitudes individuelles. Par exemple :

- **Reclaim AI** analyse vos interactions avec votre calendrier pour identifier les moments où vous êtes le plus actif et concentré.

- **Motion AI** ajuste automatiquement votre emploi du temps en fonction des périodes où vous êtes le plus susceptible d'être productif.

Impact sur la productivité

Les études montrent que travailler pendant ses périodes optimales de concentration peut augmenter la productivité jusqu'à 40 %. En réduisant les distractions et en alignant les tâches sur les pics d'énergie, les employés peuvent accomplir davantage en moins de temps.

2. Outils d'IA pour personnaliser les horaires

Reclaim AI : Planification intelligente

Reclaim AI est un assistant intelligent qui optimise votre emploi du temps en fonction des priorités et des périodes de concentration. Par exemple, si vous avez une tâche importante nécessitant une concentration intense, Reclaim AI peut la planifier pendant vos heures de "pic cognitif".

Trevor AI : Time-blocking avancé

Trevor AI utilise le "time-blocking" pour diviser votre journée en blocs dédiés à des tâches spécifiques. Il suggère les meilleurs créneaux horaires pour chaque tâche en fonction de votre disponibilité et de vos habitudes passées.

Scheduler AI : Gestion collaborative

Scheduler AI facilite la planification des réunions en prenant en compte les périodes optimales de concentration pour tous les participants. Cela réduit les interruptions inutiles et garantit que les réunions se déroulent pendant des moments propices.

3. Exemples concrets d'utilisation

Optimisation individuelle

Un développeur dans une entreprise technologique utilise Motion AI pour organiser ses journées. L'outil identifie que ses meilleures heures de concentration sont entre 9h et 11h. Pendant ces créneaux, Motion bloque toutes distractions (emails, notifications) et planifie ses tâches complexes comme l'écriture de code ou la résolution de bugs.

Gestion d'équipe

Une agence marketing a adopté Reclaim AI pour coordonner ses équipes créatives. L'IA analyse les calendriers individuels et suggère des plages horaires où tous les membres sont susceptibles d'être concentrés. Résultat : une augmentation de 20 % dans la qualité des livrables grâce à une meilleure synchronisation.

4. Avantages de la personnalisation avec l'IA

Amélioration de la productivité

En travaillant pendant leurs périodes optimales, les employés accomplissent davantage en moins de temps. Cela réduit également le besoin d'heures supplémentaires.

Réduction du stress

L'optimisation des horaires limite les interruptions inutiles et aide à éviter l'accumulation de tâches non terminées, diminuant ainsi le stress lié au travail.

Meilleur équilibre vie professionnelle/vie personnelle

En organisant mieux leurs journées, les employés peuvent consacrer du temps à leurs activités personnelles sans compromettre leur efficacité au travail.

5. Défis liés à l'intégration

Bien que prometteuse, la personnalisation des conditions de travail avec l'IA présente certains défis :

Qualité des données

Pour que l'IA fonctionne efficacement, elle nécessite des données précises sur les habitudes individuelles. Par exemple, si un employé ne met pas à jour son calendrier ou ne fournit pas assez d'informations sur ses tâches, l'optimisation sera limitée.

Adaptabilité

Les cycles naturels peuvent varier selon l'état émotionnel ou physique (fatigue, maladie). L'IA doit être suffisamment flexible pour s'adapter à ces changements.

6. Stratégies pour une mise en œuvre réussie

Pour intégrer efficacement l'IA dans la personnalisation des conditions de travail, voici quelques étapes clés :

a) Commencer par une phase pilote

Testez l'outil sur un petit groupe d'employés avant de le déployer à grande échelle. Cela permet d'identifier les ajustements nécessaires.

b) Former les équipes

Assurez-vous que vos employés comprennent comment utiliser ces outils et interpréter leurs recommandations.

c) Analyser régulièrement les résultats

Évaluez l'impact sur la productivité et ajustez les paramètres si nécessaire.

7. Techniques complémentaires

Outre l'utilisation directe des outils d'IA, certaines techniques peuvent être utilisées pour maximiser leur efficacité :

Méthode Pomodoro

Cette méthode consiste à travailler intensément pendant 25 minutes puis à prendre une pause courte (5 minutes). L'IA peut identifier les meilleurs moments pour appliquer cette technique en fonction des cycles individuels.

Ajustement environnemental

Des outils comme IoT combinés à l'IA peuvent ajuster automatiquement l'éclairage ou la température du bureau pendant les périodes optimales.

Conclusion

La personnalisation des conditions de travail avec l'IA est une avancée majeure qui permet aux individus et aux entreprises d'améliorer leur efficacité tout en favorisant le bien-être au travail. En identifiant précisément les périodes optimales de concentration, ces outils transforment non seulement la manière dont nous travaillons mais aussi notre rapport au temps et à la productivité. Pour réussir cette transition vers un environnement personnalisé, il est essentiel d'investir dans des technologies adaptées tout en formant les équipes à leur utilisation optimale.

Optimisation des processus métiers

Exemples dans la gestion de chaîne d'approvisionnement ou la logistique

L'optimisation des processus métiers est une priorité pour les entreprises cherchant à améliorer leur efficacité et leur compétitivité. L'intelligence artificielle (IA) joue un rôle clé dans cette transformation, notamment dans des domaines comme la chaîne d'approvisionnement, la logistique et la personnalisation des communications. **Cette section explore comment l'IA optimise ces processus, en mettant en lumière des exemples concrets et l'utilisation de Mistral AI pour répondre aux besoins spécifiques des clients.**

1. Optimisation de la chaîne d'approvisionnement avec l'IA

La chaîne d'approvisionnement est un domaine complexe qui nécessite une coordination précise entre plusieurs parties prenantes. L'IA révolutionne ce secteur en automatisant les tâches répétitives, en améliorant la précision des prévisions et en réduisant les inefficacités.

Exemple : Gestion des stocks avec Walmart

Walmart utilise des systèmes d'IA pour surveiller ses niveaux de stock en temps réel et prévoir la demande future. Grâce à ces outils :

- Les risques de surstockage ou de rupture de stock sont minimisés.

- Les coûts de stockage sont réduits grâce à une gestion plus efficace.

- La satisfaction client est améliorée grâce à une disponibilité constante des produits.

Exemple : Toyota et le Just-In-Time (JIT)

Toyota a intégré l'IA dans son approche JIT pour coordonner les livraisons de composants avec ses besoins de production. L'IA analyse les données en temps réel pour garantir que chaque pièce arrive au bon moment, réduisant ainsi les coûts liés au stockage et aux retards.

Optimisation des routes logistiques

L'IA est également utilisée pour optimiser les itinéraires de livraison. Par exemple :

- **Amazon** utilise l'IA pour planifier les itinéraires de ses livreurs en fonction du trafic, des conditions météorologiques et des contraintes spécifiques des clients.

- Cette approche réduit la consommation de carburant et améliore les délais de livraison.

2. Automatisation dans la logistique

La logistique est un autre domaine où l'IA apporte une valeur ajoutée significative. En automatisant les tâches complexes et répétitives, l'IA améliore l'efficacité opérationnelle tout en réduisant les erreurs humaines.

Exemple : Centres de distribution automatisés chez Amazon

Les centres de distribution d'Amazon sont équipés de robots guidés par l'IA qui :

- Transportent les produits entre les différentes zones du centre.

- Réduisent le temps nécessaire pour préparer une commande.

- Améliorent la précision grâce à une gestion automatisée des stocks.

Exemple : Coca-Cola et la planification logistique durable

Coca-Cola utilise l'IA pour optimiser ses réseaux logistiques tout en réduisant son empreinte carbone. Les algorithmes planifient les itinéraires les plus efficaces pour ses camions, minimisant ainsi les coûts de transport et les émissions.

3. Utilisation de Mistral AI pour personnaliser les communications

Mistral AI se distingue par sa capacité à personnaliser les interactions avec les clients grâce à ses modèles avancés de traitement du langage naturel (NLP). Cette personnalisation permet aux entreprises d'améliorer leur engagement client tout en optimisant leurs processus internes.

Personnalisation du contenu marketing

Mistral AI analyse les données clients provenant de multiples canaux (emails, réseaux sociaux, enquêtes) pour créer des messages marketing hyper-personnalisés. Par exemple :

- Une marque peut utiliser Mistral AI pour segmenter ses audiences et envoyer des offres adaptées aux préférences individuelles.

- Les campagnes marketing deviennent plus efficaces, avec un taux d'engagement accru.

Automatisation du support client

Les chatbots alimentés par Mistral AI peuvent répondre aux questions courantes des clients 24/7. Ces assistants intelligents :

- Réduisent le temps d'attente pour le client.

- Améliorent la satisfaction grâce à des réponses précises et adaptées.

- Libèrent du temps pour que le personnel se concentre sur des tâches plus complexes.

Création automatique de contenu

Mistral AI excelle également dans la génération automatique de contenu, comme :

- La rédaction d'emails personnalisés.

- La création d'articles ou de rapports adaptés aux besoins spécifiques des clients.

4. Avantages globaux offerts par l'optimisation avec l'IA

L'intégration de l'IA dans les processus métiers offre plusieurs avantages clés :

Réduction des coûts opérationnels

En automatisant les tâches répétitives et en optimisant les processus, l'IA permet aux entreprises de réduire leurs dépenses tout en augmentant leur efficacité.

Amélioration de la précision

Les modèles d'apprentissage automatique détectent les erreurs potentielles avant qu'elles ne deviennent problématiques, garantissant ainsi une meilleure qualité dans toutes les opérations.

Augmentation de la satisfaction client

Grâce à une personnalisation accrue et à une meilleure réactivité, l'expérience client s'améliore considérablement, renforçant ainsi la fidélité à long terme.

5. Défis liés à l'intégration

Bien que prometteuse, l'intégration de l'IA dans les processus métiers présente certains défis :

Complexité technique

La mise en œuvre d'une solution basée sur l'IA nécessite souvent une infrastructure technique avancée ainsi qu'une expertise spécialisée.

Qualité des données

Pour que l'IA fonctionne efficacement, elle nécessite des données précises et bien structurées. Les entreprises doivent investir dans le nettoyage et la gestion des données.

Coût initial élevé

Bien que rentable à long terme, le déploiement initial d'une solution basée sur l'IA peut représenter un investissement important.

6. Stratégies pour une mise en œuvre réussie

Pour intégrer efficacement l'IA dans vos processus métiers, voici quelques étapes clés :

a) Définir clairement vos objectifs

Identifiez les domaines où l'optimisation est nécessaire (logistique, marketing, support client) et établissez des objectifs mesurables.

b) Choisir les bons outils

Sélectionnez des solutions adaptées à vos besoins spécifiques, comme Mistral AI pour la personnalisation ou Amazon Robotics pour l'automatisation logistique.

c) Former vos équipes

Assurez-vous que vos employés comprennent comment utiliser ces outils et interpréter leurs recommandations.

d) Analyser régulièrement les résultats

Évaluez l'impact sur vos opérations et ajustez vos stratégies si nécessaire.

Conclusion

L'optimisation des processus métiers grâce à l'IA est une avancée majeure qui transforme profondément le fonctionnement interne des entreprises. Que ce soit dans la chaîne d'approvisionnement ou dans la personnalisation des communications avec Mistral AI, ces technologies permettent d'améliorer significativement l'efficacité opérationnelle tout en renforçant l'engagement client. Pour réussir cette transition vers un environnement optimisé par l'IA, il est essentiel d'investir dans des solutions adaptées tout en formant vos équipes à leur utilisation optimale.

Stratégies pour une mise en œuvre efficace

Conseils pour intégrer l'IA dans les processus existants, y compris Mistral AI

L'intégration de l'intelligence artificielle (IA) dans les processus métiers est une étape cruciale pour les entreprises souhaitant améliorer leur efficacité et leur compétitivité. Cependant, cette transition nécessite une planification stratégique et des étapes méthodiques pour garantir une mise en œuvre réussie. **Cette section explore les stratégies clés pour intégrer l'IA dans les processus existants, y compris l'utilisation de Mistral AI, tout en surmontant les défis courants.**

1. Évaluer les besoins de l'entreprise

La première étape d'une intégration réussie consiste à identifier les besoins spécifiques de l'entreprise et les domaines où l'IA peut apporter une valeur ajoutée. Cela implique :

- **Analyse des points faibles** : Identifier les processus inefficaces ou chronophages qui pourraient bénéficier de l'automatisation.
- **Définition des objectifs** : Établir des objectifs clairs, comme réduire les coûts opérationnels, améliorer la satisfaction client ou augmenter la précision des analyses.

Exemple concret

Une entreprise de logistique a identifié que ses retards fréquents dans la livraison étaient dus à une mauvaise gestion des itinéraires. En intégrant un système d'optimisation des routes basé sur l'IA, elle a réduit ses délais de livraison de 20 %.

2. Choisir les bons outils d'IA

Le choix des outils d'IA adaptés est essentiel pour répondre aux besoins spécifiques de l'entreprise. Cela implique :

- **Évaluation des options disponibles** : Comparer les solutions prêtes à l'emploi (comme Tableau ou Power BI) et les modèles personnalisés (comme Mistral AI).
- **Prise en compte des contraintes techniques** : Vérifier la compatibilité avec les systèmes existants et évaluer la scalabilité des solutions.

Mistral AI : Une solution adaptée aux communications personnalisées

Mistral AI excelle dans le traitement du langage naturel (NLP), ce qui le rend idéal pour personnaliser les communications clients. Par exemple :

- Une entreprise peut utiliser Mistral AI pour automatiser la réponse aux emails clients tout en adaptant le ton et le contenu à chaque situation.
- Dans le domaine du marketing, Mistral AI peut générer automatiquement des campagnes adaptées aux préférences individuelles des segments de clientèle.

3. Préparer les données

Une intégration réussie dépend fortement de la qualité des données utilisées pour entraîner les modèles d'IA. Les étapes clés incluent :

- **Consolidation des données** : Regrouper toutes les données pertinentes dans un référentiel centralisé (data lake).
- **Nettoyage et structuration** : Supprimer les doublons, corriger les erreurs et normaliser les formats.

- **Gouvernance des données** : Mettre en place des politiques pour garantir la qualité et la sécurité des données tout en respectant les réglementations comme le RGPD.

Exemple concret

Un détaillant a consolidé ses données clients provenant de plusieurs sources (site web, réseaux sociaux, enquêtes) dans un data lake. Cela a permis à son IA de fournir des recommandations plus précises et d'améliorer l'engagement client.

4. Développer et tester des modèles d'IA

Une fois les données prêtes, il est temps de développer et tester les modèles d'IA. Cette étape nécessite :

- **Collaboration avec des experts** : Travailler avec des data scientists ou consultants en IA pour concevoir et entraîner les modèles.
- **Tests pilotes** : Lancer des projets pilotes pour évaluer la performance et recueillir le feedback des utilisateurs avant un déploiement à grande échelle.

Exemple concret avec Mistral AI

Une entreprise a utilisé Mistral AI pour automatiser la classification de ses emails entrants. Après un projet pilote réussi, elle a déployé la solution à grande échelle, réduisant le temps moyen de traitement des emails de 40 %.

5. Intégration avec les systèmes existants

L'un des défis majeurs de l'intégration de l'IA est sa compatibilité avec l'infrastructure existante. Les stratégies incluent :

- **Utilisation d'APIs et SDKs** : Connecter directement les fonctions d'IA aux systèmes existants grâce à ces outils.
- **Investissement dans des solutions intermédiaires** : Utiliser des middleware pour faciliter l'intégration entre anciens systèmes et nouvelles technologies.

Exemple concret

Un fabricant a intégré un système d'analyse prédictive basé sur l'IA à son ERP existant. Cela lui a permis d'anticiper les fluctuations de la demande et d'ajuster sa production en conséquence.

6. Former vos équipes

L'adoption réussie de l'IA nécessite que vos employés soient formés à travailler avec ces outils. Les étapes clés incluent :

- **Sessions de formation pratique** : Enseigner aux employés comment utiliser efficacement ces outils.
- **Sensibilisation au rôle de l'IA** : Expliquer comment l'IA améliore leurs tâches sans remplacer leur expertise.

Exemple concret

Une banque a formé ses conseillers clientèle à utiliser un chatbot basé sur Mistral AI. Cela leur permet désormais de se concentrer sur des interactions complexes tandis que le chatbot gère les demandes courantes.

7. Surmonter les défis courants

Les entreprises rencontrent souvent plusieurs obstacles lors de l'intégration de l'IA :

a) Résistance au changement

Certains employés peuvent craindre que l'IA remplace leur rôle ou modifie radicalement leurs méthodes de travail. Pour surmonter cela :

- Communiquez clairement sur le rôle complémentaire de l'IA.
- Impliquez vos équipes dès le début du processus d'intégration.

b) Coût initial élevé

Bien que rentable à long terme, le coût initial peut être un frein. Pour réduire cet impact :

- Commencez par des projets pilotes à faible investissement.
- Évaluez régulièrement le retour sur investissement (ROI).

8. Mesurer le succès

Pour garantir que vos initiatives basées sur l'IA sont efficaces, il est essentiel de suivre certains indicateurs clés :

- Réduction du temps nécessaire pour accomplir une tâche.
- Augmentation du taux d'engagement client grâce à la personnalisation.
- Amélioration globale de la productivité.

Exemple concret

Une entreprise technologique a mesuré une réduction de 30 % du temps consacré à la gestion manuelle grâce à l'automatisation basée sur Mistral AI.

Conclusion

Intégrer efficacement l'IA dans vos processus métiers nécessite une approche stratégique et méthodique. En suivant ces étapes — évaluation des besoins, choix des outils adaptés comme Mistral AI, préparation rigoureuse des données, formation des équipes — vous pouvez transformer vos opérations tout en améliorant votre compétitivité. Bien que cette transition présente certains défis, elle offre également un potentiel immense pour optimiser vos processus métiers et renforcer votre position sur le marché.

Conclusion de ce chapitre

L'intelligence artificielle (IA) redéfinit la manière dont les entreprises personnalisent et optimisent leurs processus métiers. Comme nous l'avons exploré dans ce chapitre, **l'IA offre des solutions puissantes pour améliorer les conditions de travail, optimiser les chaînes d'approvisionnement et personnaliser les communications avec les clients. Ces avancées technologiques permettent non seulement d'accroître la productivité, mais aussi de renforcer le bien-être des employés et la satisfaction des clients.**

La personnalisation des conditions de travail, par exemple, grâce à l'analyse des cycles de concentration, aide les employés à mieux organiser leurs journées et à travailler pendant leurs périodes de pic d'efficacité. Des outils comme **Motion AI** ou **Reclaim AI** montrent comment l'IA peut transformer le quotidien professionnel en alignant les tâches sur les moments où la concentration est optimale.

Dans le domaine de la logistique et des chaînes d'approvisionnement, l'IA joue un rôle central en automatisant les processus complexes et en réduisant les inefficacités. Des entreprises comme Amazon ou Toyota ont démontré comment l'intégration de l'IA dans leurs opérations a permis d'améliorer la précision, de réduire les coûts et d'augmenter la satisfaction client.

Enfin, **Mistral AI** illustre parfaitement comment l'IA peut personnaliser les communications et répondre aux besoins spécifiques des clients. En automatisant la création de contenu ou en adaptant les messages marketing, cet outil aide les entreprises à établir des relations plus solides avec leurs audiences.

Pour réussir cette transition vers un environnement optimisé par l'IA, il est essentiel d'adopter une approche stratégique : évaluer ses besoins, choisir les bons outils, former ses équipes et mesurer régulièrement les résultats. En intégrant ces technologies de manière réfléchie, les entreprises peuvent non seulement améliorer leur compétitivité, mais aussi créer un environnement de travail plus efficace et plus humain.

Chapitre 6 : Intégrer l'IA dans votre quotidien

L'intelligence artificielle (IA) n'est plus une technologie réservée aux grandes entreprises ou aux experts en informatique. Elle est désormais accessible à tous, offrant des outils pratiques pour améliorer la productivité, automatiser les tâches répétitives et prendre des décisions éclairées. **Ce chapitre explore comment intégrer l'IA dans votre quotidien professionnel,** que vous soyez un individu cherchant à optimiser votre travail ou une entreprise souhaitant transformer ses opérations.

1. Mise en place d'une stratégie d'intégration

Commencer à utiliser l'IA dans votre travail peut sembler complexe, mais en suivant une approche structurée, cette transition devient beaucoup plus simple. **Nous verrons comment identifier les tâches qui peuvent être automatisées, choisir les bons outils adaptés à vos besoins et commencer par des projets pilotes** avant de déployer l'IA à grande échelle.

2. Conseils pratiques pour une adoption réussie

L'adoption de l'IA nécessite une gestion du changement efficace. Cela inclut la **formation continue des équipes pour qu'elles comprennent et maîtrisent ces technologies, ainsi que la mise en place de processus adaptés pour intégrer l'IA dans les workflows existants**. Nous examinerons également comment surmonter les résistances au changement et maximiser l'engagement des employés.

3. Exemples de réussites

Pour illustrer les bénéfices réels de l'intégration de l'IA, nous partagerons des **histoires inspirantes de personnes et d'entreprises ayant réussi à transformer leur quotidien grâce à ces technologies**. Ces exemples concrets montrent comment l'IA peut non seulement améliorer la productivité, mais aussi créer des opportunités nouvelles et renforcer la compétitivité.

En suivant les stratégies et conseils présentés dans ce chapitre, vous serez mieux équipé pour intégrer l'IA dans votre travail quotidien et tirer parti de son immense potentiel.

Mise en place d'une stratégie d'intégration

Comment commencer à utiliser l'IA dans votre travail

L'intégration de l'intelligence artificielle (IA) dans le quotidien professionnel est une étape stratégique qui peut transformer la manière dont les tâches sont accomplies. Cependant, pour réussir cette transition, **il est essentiel de suivre une approche structurée et réfléchie.** Cette section explore les étapes clés pour commencer à utiliser l'IA dans votre travail, en identifiant les opportunités, en choisissant les bons outils et en mettant en œuvre des projets pilotes.

1. Identifier les opportunités d'automatisation

La première étape consiste à analyser vos tâches quotidiennes pour repérer celles qui peuvent être automatisées ou optimisées grâce à l'IA. Les tâches répétitives, chronophages et peu créatives sont souvent les meilleures candidates pour une automatisation.

Exemples de tâches à automatiser

- **Gestion des emails** : Utiliser des assistants basés sur l'IA comme ChatGPT ou Mistral AI pour rédiger des réponses automatiques aux emails courants.

- **Planification** : Des outils comme Calendly peuvent automatiser la gestion des rendez-vous et des réunions.

- **Analyse de données** : Power BI ou Tableau permettent de traiter rapidement des ensembles massifs de données pour identifier des tendances et générer des rapports interactifs.

Analyse des processus existants

Pour identifier les opportunités, il est utile de cartographier vos processus métiers actuels. Cette analyse vous aidera à repérer les inefficacités et les points où l'IA pourrait apporter une valeur ajoutée.

Exemple concret : Une entreprise logistique

Une entreprise spécialisée dans la logistique a identifié que ses retards fréquents dans la livraison étaient dus à une mauvaise gestion des itinéraires. En intégrant un système d'optimisation des routes basé sur l'IA, elle a réduit ses délais de livraison de 20 %.

2. Choisir les bons outils adaptés à vos besoins

Une fois que vous avez identifié les opportunités, la prochaine étape consiste à sélectionner les outils d'IA adaptés à vos besoins spécifiques. Le choix des outils dépend de plusieurs facteurs :

- **Complexité des tâches** : Des outils simples comme Reclaim AI peuvent suffire pour organiser votre emploi du temps, tandis que des solutions plus avancées comme Mistral AI sont nécessaires pour personnaliser les communications clients.

- **Compatibilité avec vos systèmes** : Assurez-vous que l'outil choisi peut s'intégrer facilement avec vos logiciels existants (CRM, ERP, etc.).

- **Budget disponible** : Certains outils sont gratuits ou abordables, tandis que d'autres nécessitent un investissement plus conséquent.

Exemples d'outils populaires

- **ChatGPT** : Pour la rédaction automatique et la génération de contenu.

- **Tableau** : Pour la visualisation interactive des données.

- **Mistral AI** : Pour le traitement du langage naturel en français et la personnalisation des communications.

Évaluation comparative des outils

Il est important de comparer plusieurs options avant de faire un choix définitif. Par exemple :

- Une entreprise cherchant à automatiser ses réponses aux clients pourrait comparer Mistral AI avec ChatGPT pour déterminer lequel offre le meilleur traitement linguistique.

- Une équipe marketing pourrait évaluer Tableau et Power BI pour choisir celui qui génère les visualisations les plus adaptées à leurs besoins.

3. Commencer par un projet pilote

Avant de déployer l'IA à grande échelle, il est recommandé de commencer par un projet pilote sur un processus spécifique. Cela permet de tester l'efficacité de l'outil choisi et d'évaluer son impact avant une adoption généralisée.

Étapes pour un projet pilote réussi

1. **Définir un objectif clair** : Par exemple, réduire le temps consacré à la gestion des emails de 30 %.

2. **Sélectionner un petit groupe d'utilisateurs** : Impliquez quelques employés dans le projet pilote pour recueillir leur feedback.

3. **Mesurer les résultats** : Évaluez l'impact sur la productivité, la qualité du travail et la satisfaction des utilisateurs.

Exemple concret : Automatisation du support client

Une entreprise a utilisé Mistral AI pour automatiser la réponse aux questions courantes des clients via un chatbot intelligent. Après un projet pilote réussi, elle a constaté une réduction du temps moyen de réponse de 50 % et une augmentation significative de la satisfaction client.

4. Former vos équipes

L'adoption réussie de l'IA nécessite que vos équipes soient formées à utiliser ces technologies. La formation doit inclure :

- Une introduction aux concepts fondamentaux de l'IA.

- Des sessions pratiques sur l'utilisation des outils sélectionnés.

- Une sensibilisation aux avantages et limites de l'IA.

Exemple concret : Formation au traitement du langage naturel (NLP)

Une entreprise technologique a organisé une série de formations pour ses équipes marketing afin qu'elles maîtrisent Mistral AI pour personnaliser leurs campagnes publicitaires.

Formation continue

La technologie évolue rapidement, ce qui rend nécessaire une formation continue pour que vos équipes restent compétentes face aux mises à jour et aux nouvelles fonctionnalités.

5. Surmonter les résistances au changement

L'intégration de l'IA peut susciter des inquiétudes chez certains employés, notamment la peur que ces technologies remplacent leur rôle ou modifient radicalement leurs méthodes de travail. Pour surmonter ces résistances :

- Communiquez clairement sur le rôle complémentaire de l'IA (elle ne remplace pas mais assiste).

- Impliquez vos équipes dès le début du processus d'intégration pour qu'elles se sentent concernées et engagées.

Exemple concret : Communication interne réussie

Une entreprise a organisé une réunion dédiée aux impacts positifs de l'IA sur le travail quotidien, montrant comment elle aide plutôt qu'elle remplace les employés.

6. Mesurer le succès

Pour garantir que votre stratégie d'intégration est efficace, il est essentiel de suivre certains indicateurs clés (KPIs) :

- Réduction du temps nécessaire pour accomplir une tâche spécifique.

- Amélioration de la qualité du travail grâce à l'automatisation.

- Augmentation globale de la productivité.

Exemple concret : Analyse post-intégration

Une entreprise a mesuré une réduction de 25 % du temps consacré à la gestion manuelle grâce à l'automatisation basée sur ChatGPT.

Conclusion

Mettre en place **une stratégie d'intégration réussie** nécessite **une planification minutieuse et une approche progressive.** En identifiant les opportunités d'automatisation, en choisissant les bons outils comme Mistral AI ou Tableau, et en formant vos équipes, vous pouvez transformer votre manière de travailler tout en maximisant les bénéfices offerts par l'intelligence artificielle.

Mise en place d'une stratégie d'intégration

Gestion du changement et formation continue

L'intégration de l'intelligence artificielle (IA) dans une organisation n'est pas seulement une question de technologie, mais aussi de gestion du changement. **Pour que l'IA soit adoptée avec succès, il est essentiel de préparer les employés, d'adapter les processus existants et de créer une culture d'apprentissage continu.** Cette section explore les stratégies pratiques pour surmonter les résistances au changement, former les équipes et garantir une adoption durable.

1. Préparer l'organisation au changement

La transition vers l'utilisation de l'IA nécessite un alignement stratégique à tous les niveaux de l'organisation. Cela commence par la création d'une vision claire des objectifs à atteindre avec l'IA et par la communication des bénéfices attendus.

Leadership et alignement stratégique

Le soutien des dirigeants est crucial pour le succès de toute initiative liée à l'IA. Les leaders doivent :

- **Articuler une vision claire** : Par exemple, expliquer comment l'IA peut améliorer la productivité ou réduire les coûts.
- **Allouer les ressources nécessaires** : Investir dans des outils d'IA et des formations adaptées.
- **Donner l'exemple** : Utiliser eux-mêmes les outils d'IA pour montrer leur engagement.

Engagement des parties prenantes

Impliquer toutes les parties prenantes dès le début du projet est essentiel. Cela inclut :

- Les cadres supérieurs, pour qu'ils soutiennent activement l'initiative.

- Les équipes opérationnelles, pour qu'elles identifient les défis pratiques.
- Les employés, pour qu'ils se sentent impliqués et écoutés.

2. Créer une culture d'apprentissage continu

L'IA évolue rapidement, ce qui rend indispensable la mise en place d'un programme de formation continue. Les employés doivent être formés non seulement à utiliser les outils existants, mais aussi à s'adapter aux nouvelles technologies qui pourraient apparaître.

Formation initiale

Lors de l'introduction d'un nouvel outil d'IA, une formation initiale est essentielle pour familiariser les utilisateurs avec ses fonctionnalités. Par exemple :

- Une entreprise utilisant Mistral AI pour automatiser ses communications clients peut organiser des ateliers pratiques pour montrer comment personnaliser les réponses.

Formation continue

La formation ne doit pas s'arrêter après le déploiement initial. Des sessions régulières permettent aux employés :

- De découvrir de nouvelles fonctionnalités.
- De partager leurs expériences et leurs bonnes pratiques.
- De rester compétitifs face aux évolutions technologiques.

Encourager l'expérimentation

Une culture qui valorise l'expérimentation incite les employés à explorer de nouvelles façons d'utiliser l'IA. Par exemple :

- Une équipe marketing peut tester différents algorithmes pour optimiser ses campagnes publicitaires.
- Un département RH peut expérimenter des chatbots pour améliorer le recrutement.

3. Surmonter les résistances au changement

L'une des principales barrières à l'adoption de l'IA est la résistance des employés, souvent due à des craintes liées à la perte d'emploi ou à la complexité technologique.

Démystifier l'IA

Il est important de montrer que l'IA est un outil conçu pour assister, et non remplacer, les employés. Par exemple :

- Expliquer comment un outil comme Mistral AI peut automatiser les tâches répétitives tout en laissant aux employés plus de temps pour se concentrer sur des tâches stratégiques.

Communication transparente

Une communication claire sur ce que l'IA peut (et ne peut pas) faire est essentielle. Cela inclut :

- Présenter des exemples concrets où l'IA a amélioré le travail sans le remplacer.
- Répondre aux questions et préoccupations des employés lors de réunions ou ateliers.

4. Intégrer l'IA dans les processus existants

Pour garantir une adoption réussie, il est crucial que l'IA s'intègre harmonieusement dans les processus (workflows) existants sans perturber le flux de travail.

Évaluation préalable des workflows

Avant d'introduire un outil d'IA, il est important d'évaluer comment il s'intègrera dans les workflows actuels. Par exemple :

- Une entreprise utilisant un CRM pourrait intégrer un assistant IA comme ChatGPT pour automatiser la saisie des données clients.

Simplification des processus

L'objectif est de simplifier le travail grâce à l'IA, pas de le compliquer. Cela implique :

- De choisir des outils faciles à utiliser.
- D'automatiser uniquement ce qui apporte une réelle valeur ajoutée.

5. Mesurer et ajuster en continu

Une fois que l'IA est intégrée, il est essentiel de mesurer son impact et d'ajuster son utilisation en fonction des résultats obtenus.

Indicateurs clés de performance (KPI)

Les KPI permettent d'évaluer si l'adoption de l'IA atteint ses objectifs. Par exemple :

- Temps gagné grâce à l'automatisation.
- Amélioration du taux de satisfaction client.
- Réduction des erreurs dans les processus métiers.

Feedback utilisateurs

Le retour des utilisateurs est précieux pour identifier les points faibles et améliorer continuellement l'intégration de l'IA.

Conclusion

Adopter avec succès l'intelligence artificielle nécessite bien plus qu'un simple déploiement technologique : **cela demande une gestion du changement efficace, une formation continue et une intégration harmonieuse dans les workflows existants.** En suivant ces conseils pratiques, vous pouvez maximiser les bénéfices offerts par ces technologies tout en minimisant les résistances au changement.

Stratégies pour expérimenter rapidement avec les nouveaux modèles d'IA

Section 3 : Exemples de réussites

Histoires de personnes ou d'entreprises ayant bien intégré l'IA

L'intégration réussie de l'intelligence artificielle (IA) dans les entreprises et le quotidien professionnel est un levier puissant pour améliorer la productivité, réduire les coûts et créer de nouvelles opportunités. Cette section explore des exemples concrets de personnes et d'entreprises qui ont su tirer parti de l'IA pour transformer leurs opérations et atteindre des résultats remarquables.

1. Secteur manufacturier : Siemens et la maintenance prédictive

Siemens est un exemple emblématique d'une entreprise ayant intégré l'IA pour optimiser ses processus industriels. En utilisant des modèles d'apprentissage automatique, Siemens a pu mettre en place des systèmes de maintenance prédictive qui analysent les données provenant des capteurs installés sur ses machines.

Résultats obtenus

- Réduction des temps d'arrêt imprévus de 50 %.

- Amélioration de l'efficacité des lignes de production de 20 %.

- Réduction des coûts liés aux réparations grâce à une anticipation des défaillances.

Impact sur le secteur

Cette approche a permis à Siemens de se positionner comme un leader dans l'industrie 4.0, tout en inspirant d'autres entreprises manufacturières à adopter des technologies similaires.

2. Secteur retail : Amazon et la personnalisation client

Amazon est souvent cité comme un pionnier dans l'utilisation de l'IA pour améliorer l'expérience client. Son moteur de recommandations basé sur le machine learning analyse les comportements d'achat et les préférences des utilisateurs pour proposer des produits personnalisés.

Résultats obtenus

- Les recommandations personnalisées représentent 35 % du chiffre d'affaires total d'Amazon.

- Optimisation de la gestion des stocks grâce à une prévision précise de la demande.

- Réduction des coûts liés au surstockage et aux ruptures de stock.

Impact sur le secteur

Amazon a établi une nouvelle norme dans le commerce électronique, poussant ses concurrents à investir massivement dans des technologies similaires.

3. Secteur bancaire : Sasfin Bank et l'analyse contractuelle

Sasfin Bank a intégré Microsoft Azure pour centraliser et analyser plus de 20 000 documents contractuels. Grâce à l'utilisation d'un système basé sur l'IA, la banque a pu automatiser l'extraction des clauses importantes et fournir des analyses en temps réel.

Résultats obtenus

- Réduction du temps nécessaire à l'analyse des contrats, passant de plusieurs jours à quelques heures.

- Amélioration de la précision dans la gestion des risques juridiques.

- Augmentation globale de la satisfaction client grâce à une prise en charge plus rapide.

4. Secteur logistique : DHL et l'optimisation des routes

DHL utilise l'IA pour optimiser ses opérations logistiques, notamment en planifiant les itinéraires les plus efficaces pour ses livraisons. Les algorithmes prennent en compte le trafic, les conditions météorologiques et les contraintes spécifiques des clients.

Résultats obtenus

- Réduction significative des coûts opérationnels.

- Amélioration de la ponctualité des livraisons.

- Augmentation de la satisfaction client grâce à une meilleure fiabilité.

5. Secteur technologique : Capgemini Mexico et GitHub Copilot

Capgemini Mexico a intégré GitHub Copilot pour soutenir ses développeurs dans leurs projets technologiques. Cet outil basé sur l'IA aide les programmeurs à écrire du code plus rapidement et avec moins d'erreurs.

Résultats obtenus

- Augmentation significative de la productivité des développeurs.

- Réduction du temps nécessaire à la livraison des projets clients.

- Amélioration globale de la qualité du code produit.

6. Secteur énergie : ExxonMobil et l'optimisation des réservoirs

ExxonMobil utilise l'IA pour analyser les données géologiques et optimiser la gestion de ses réservoirs pétroliers. Cette approche permet à l'entreprise d'améliorer ses stratégies d'extraction tout en réduisant son impact environnemental.

Résultats obtenus

- Augmentation du taux de récupération des ressources.

- Réduction significative des coûts opérationnels liés aux erreurs humaines.

- Meilleure prise en compte des enjeux environnementaux grâce aux analyses prédictives.

7. Secteur santé : Shriners Children's et la navigation sécurisée

Shriners Children's a développé une plateforme basée sur l'IA permettant aux cliniciens d'accéder facilement aux données patient dans un environnement sécurisé. Cela améliore non seulement la qualité des soins, mais aussi leur efficacité.

Résultats obtenus

- Réduction du temps consacré à la recherche d'informations médicales.

- Amélioration globale de la prise en charge patient grâce à une navigation simplifiée.

- Renforcement de la sécurité dans le traitement des données sensibles.

8. Secteur automobile : Tesla et les véhicules autonomes

Tesla est un leader incontesté dans le domaine des véhicules autonomes grâce à son système Autopilot basé sur l'IA. Ce système analyse les données provenant des capteurs embarqués pour prendre des décisions en temps réel.

Résultats obtenus

- Réduction significative du risque d'accidents grâce aux fonctionnalités avancées d'assistance au conducteur.

- Optimisation de la gestion des flottes pour réduire les coûts opérationnels dans le transport commercial.

Conclusion

Ces exemples montrent comment l'intelligence artificielle peut transformer profondément les opérations dans divers secteurs, allant du manufacturier au retail, en passant par la santé et la logistique. En adoptant ces technologies, ces entreprises ont non seulement amélioré leur efficacité opérationnelle, mais aussi renforcé leur compétitivité sur le marché mondial.

Conclusion de ce chapitre

L'intégration de l'intelligence artificielle (IA) dans le quotidien professionnel représente une opportunité majeure pour transformer la manière dont nous travaillons. Comme exploré dans ce chapitre, l'IA offre des outils puissants pour automatiser les tâches répétitives, améliorer la prise de décision et personnaliser les interactions, tout en augmentant la productivité et en réduisant les inefficacités.

La mise en place d'une stratégie d'intégration réussie commence par une identification claire des opportunités d'automatisation. En choisissant les bons outils adaptés aux besoins spécifiques, comme Mistral AI pour la personnalisation des communications ou Tableau pour l'analyse de données, les entreprises peuvent maximiser les bénéfices offerts par ces technologies. Les projets pilotes permettent de tester ces solutions à petite échelle avant leur déploiement généralisé, garantissant ainsi leur efficacité.

Cependant, **l'adoption de l'IA ne se limite pas à la technologie. Elle nécessite une gestion du changement efficace et une formation continue des équipes pour**

surmonter les résistances et garantir une utilisation optimale des outils. En créant une culture d'apprentissage et en intégrant l'IA harmonieusement dans les workflows existants, les organisations peuvent faciliter cette transition.

Les exemples présentés dans ce chapitre illustrent le potentiel transformateur de l'IA dans divers secteurs, qu'il s'agisse de la logistique, du retail ou de la santé. Ces réussites montrent que l'IA n'est pas seulement un outil technologique, mais un levier stratégique pour améliorer la compétitivité et créer de nouvelles opportunités.

Pour intégrer pleinement l'IA dans votre quotidien, il est essentiel d'adopter une approche structurée et réfléchie. En suivant les stratégies décrites ici, vous pouvez exploiter le potentiel immense de l'IA et transformer votre travail en profondeur.

Conclusion Générale

1. Récapitulation des principaux points

Ce guide a exploré comment l'intelligence artificielle (IA) peut transformer profondément le monde du travail en augmentant la productivité, en automatisant les tâches répétitives et en optimisant les processus métiers. À travers les différents chapitres, nous avons présenté des outils, des stratégies et des exemples concrets pour intégrer l'IA dans votre quotidien professionnel.

Dans les premiers chapitres, nous avons examiné les bases de l'IA et ses applications pratiques. Des outils comme ChatGPT, Notion, Calendly et Mistral AI ont été mis en lumière pour montrer comment ils peuvent simplifier la gestion des tâches, améliorer la communication et personnaliser les interactions. Ces technologies permettent de gagner du temps tout en augmentant la qualité du travail.

La personnalisation des conditions de travail grâce à l'IA a également été abordée. En analysant les cycles de concentration et en suggérant des périodes optimales pour travailler, l'IA aide à maximiser la productivité individuelle tout en réduisant le stress. Des outils comme Motion AI ou Reclaim AI montrent comment cette personnalisation peut transformer le quotidien professionnel.

Dans le domaine des processus métiers, nous avons exploré l'impact de l'IA sur la chaîne d'approvisionnement, la logistique et la personnalisation des communications clients. Des entreprises comme Amazon ou Siemens ont démontré comment l'IA peut réduire les coûts opérationnels, améliorer la précision et renforcer la satisfaction client.

Enfin, nous avons étudié les stratégies pratiques pour une adoption réussie de l'IA. La gestion du changement, la formation continue et l'intégration harmonieuse dans les workflows existants sont essentielles pour garantir une transition fluide. Les exemples inspirants d'entreprises ayant réussi à intégrer l'IA montrent que ces technologies ne sont pas seulement un outil technologique, mais un levier stratégique pour améliorer la compétitivité.

2. Appel à l'action

L'intelligence artificielle offre un potentiel immense pour transformer votre manière de travailler et d'interagir avec vos clients. Ce guide vous a fourni les outils et stratégies nécessaires pour commencer à expérimenter avec l'IA dans votre quotidien professionnel. Maintenant, il est temps de passer à l'action.

Commencez par identifier les tâches répétitives ou chronophages dans votre travail qui pourraient être automatisées grâce à l'IA. Essayez des outils comme ChatGPT pour rédiger automatiquement des emails ou Mistral AI pour personnaliser vos communications en français. Lancez un projet pilote sur un processus spécifique et mesurez les résultats obtenus. **Vous serez surpris par la rapidité avec laquelle ces technologies peuvent améliorer votre efficacité.**

N'oubliez pas que l'adoption de l'IA est un processus progressif. **Impliquez vos équipes dès le début, formez-les aux concepts fondamentaux de l'IA et encouragez-les à explorer différentes façons d'utiliser ces outils.** En créant une culture d'expérimentation et d'apprentissage continu, vous pouvez maximiser les bénéfices offerts par ces technologies.

L'avenir appartient à ceux qui osent expérimenter et innover. Faites le premier pas aujourd'hui et transformez votre manière de travailler grâce à l'intelligence artificielle.

3. Perspectives futures

L'intelligence artificielle est encore au début de son évolution, mais son impact sur le monde du travail est déjà considérable. Dans les années à venir, nous pouvons nous attendre à ce que l'IA continue à transformer profondément nos environnements professionnels.

Automatisation avancée

Les progrès dans le domaine du machine learning et du deep learning permettront d'automatiser des tâches encore plus complexes. Par exemple :

- Les systèmes d'IA pourront gérer entièrement des projets complexes en coordonnant plusieurs équipes.

- Les assistants virtuels deviendront encore plus intelligents, capables d'interagir avec les humains de manière presque indistinguable.

Personnalisation accrue

L'IA continuera à améliorer la personnalisation dans tous les domaines :

- Les campagnes marketing seront hyper-personnalisées grâce à une analyse approfondie des comportements clients.

- Les environnements de travail seront adaptés aux besoins individuels grâce à des capteurs IoT combinés à des algorithmes intelligents.

Collaboration humain-IA

Plutôt que de remplacer les humains, l'IA travaillera en collaboration avec eux pour créer une synergie unique :

- Les employés utiliseront des outils basés sur l'IA pour augmenter leur créativité et leur productivité.

- Les entreprises investiront davantage dans des technologies qui complètent le travail humain plutôt que de le remplacer.

Nouveaux emplois liés à l'IA

L'expansion de l'intelligence artificielle créera également de nouvelles opportunités professionnelles :

- Des rôles spécialisés dans le développement et la gestion des systèmes d'IA.

- Des métiers axés sur l'éthique et la régulation de ces technologies pour garantir leur utilisation responsable.

Conclusion

L'intelligence artificielle n'est pas seulement une technologie ; **c'est une révolution qui transforme notre manière de travailler, d'interagir et d'innover.** Ce guide vous a montré comment exploiter ce potentiel immense pour améliorer votre productivité, optimiser vos processus métiers et créer un environnement professionnel plus efficace.

En adoptant une approche structurée pour intégrer l'IA dans votre quotidien, vous pouvez non seulement gagner du temps mais aussi augmenter votre compétitivité dans un marché en

constante évolution. Faites le premier pas aujourd'hui : expérimentez avec ces outils, formez vos équipes et préparez-vous à un avenir où humains et machines travailleront ensemble pour atteindre des résultats extraordinaires.

LISTE DES GUIDES DE CETTE COLLECTION
DISPONIBLE SUR AMAZON

DÉJÀ PARU SUR AMAZON

Découvrir et maîtriser l'IA (l'intelligence artificielle)
Guide des outils IA pour débutants Guide N°1

L'IA dans les entreprises
Le guide des solutions concrètes et abordables pour les PME
Guide N°2

Réinventez votre carrière avec l'IA
Le guide des nouvelles opportunités professionnelles
Guide N°3

Travaillez moins, réussissez mieux avec l'IA
Le guide des secrets d'une productivité augmentée

BIENTÔT DISPONIBLES SUR AMAZON

Libérez votre créativité avec l'IA
Le guide essentiel des nouveaux outils créatifs

Réinventez l'apprentissage avec l'IA
Le guide pratique pour parents et enseignants

Boostez vos ventes avec l'IA
Le guide des nouvelles stratégies marketing qui cartonnent

Prenez soin de vous avec l'IA
Le guide de votre coach santé personnel
Protégez-vous à l'ère numérique de l'IA
Le guide essentiel de cybersécurité pour tous

L'IA responsable

Le guide pour une utilisation éthique et durable

Voyagez intelligemment avec l'IA
Le guide pour optimiser vos trajets quotidiens grâce aux technologies intelligentes

L'IA dans la finance
Le guide pour optimiser vos finances personnelles avec des outils intelligents

Chère lectrice, Cher lecteur,

Merci de m'avoir fait confiance et d'avoir acheté ce livre.

(Si vous avez d'éventuelles réclamations, avant de mettre votre avis sur Amazon, envoyez-moi un mail ici : autoedition7@gmail.com, je vous répondrai avec plaisir.)

Réviser et publier ce livre a été une aventure intense, remplie de doutes, de nuits blanches et d'émotions. Mais le voir entre vos mains est une immense récompense. Vos retours sur Amazon sont essentiels pour faire découvrir mon travail à d'autres lecteurs et pour m'encourager à poursuivre cette aventure. Sachez que je prends le temps de lire chaque commentaire avec soin et reconnaissance. Alors, si vous avez apprécié votre lecture, prenez un moment pour partager vos impressions. Cliquez simplement maintenant sur ce lien

https://www.amazon.fr/review/create-review?&asin=B0F2F48MJ5

OU scannez ce QR Code

Cela compte énormément pour moi. Merci infiniment pour votre soutien !

RETROUVEZ NOS AUTRES OUVRAGES DANS NOTRE BIBLIOTHÈQUE

Cliquez simplement sur ce lien :
https://livresenclic.com

ou scannez ce QRCODE

À PROPOS DE L'AUTEUR

Grand dévoreur de livres depuis ma plus tendre enfance, et guidé par des tantes et marraines professeures d'histoire et de littérature, j'ai voulu mettre à profit ma retraite et mes connaissances pour écrire ce guide, destiné à aider les personnes à découvrir et adopter l'intelligence artificielle dans leur vie quotidienne, pour ne pas rester au bord de la route de cette révolution.

Ma compagne Michèle, co-inspiratrice de ce livre, m'a également accompagné et soutenu tout au long de cette rédaction.